人類文明小百科

Les châteaux forts

歐洲的城堡

GASTON DUCHET-SUCHAUX
MICHEL PASTOUREAU

著

沈　堅　譯

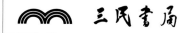
三民書局

Crédits photographiques

Couverture : p. 1 Château de Burgos, en Castille (Espagne) © AISA ; chevalier, «*Armorial des trouvères*», *Codex Manesse*, B.N © HACHETTE ; p. 4 Miniature du «*Renaud de Montauban*», *Histoire des quatre fils Aymon*, Bibliothèque de l'Arsenal, Paris © Hubert JOSSE.

Ouvertures de parties et folios : pp. 4-5 Château de Cautrenon, enluminure de l'*Armorial d'Auvergne* par Guillaume Revel (XVᵉ siècle), B.N. © HACHETTE ; pp. 32-33 Miniature du «*Renaud de Montauban*», *Histoire des quatre fils Aymon*, Bibliothèque de l'Arsenal, Paris © Hubert JOSSE ; pp. 58-59 Ruines du Château Gaillard, lithographie de Engelman (Les Andelys) © Archives photographiques de Paris/S.P.A.D.E.M.

Pages intérieures : p. 6 © J. Bénazet/PIX ; p. 7 © Gauthier/PIX ; p. 8 Gravure de François Alexandre Pernot © LAUROS-GIRAUDON p. 9 Miniature de Pol. de Limbourg (XVᵉ siècle), Chantilly © Hubert JOSSE ; p. 16 © Deutsches Museum, Munich ; p. 18 Moulag du Musée des Monuments français, Paris © Abeille/HACHETTE ; p. 19 Arch. couronne d'Aragon © ARTEPHOT/ORONOZ ; p. 20 © Hervé CHampollion/TOP ; p. 21 Tapisserie de Bayeux (XIᵉ siècle) © Hubert JOSSE ; p.22 Prise de Dinan © Hubert JOSSE ; p. 23 *Grandes Chroniques de France* (XIVᵉ siècle), B.N. © Hubert JOSSE ; p. 24 B.N. © HACHETTE ; p. 25 © Alain Rivière-Lecœur/TOP p. 26 © ZEFA ; p. 27 © P. Viard/PIX ; p. 34 © ARTEPHOT/BABEY ; p. 35 Lithographie (vers 1820) © Archives photographique de Paris/S.P.A.D.E.M. ; p. 38 © M. Nahmias/TOP ; p. 39 © J.-C. Meauxsoone/PIX ; p.40 © G. Hallo/PIX ; p. 41 © La Cigogne/PIX p. 42 Cliché HACHETTE © Archives de France ; p. 43 Enluminure du *Livre des trois âges* de Pierre Choinet (XVᵉ siècle © B.N./HACHETTE ; p. 44 Archives nationales, service des sceaux © HACHETTE ; p. 45 © Bibliothèque de l'Arsenal, Paris ; p. 46 Manuscrit français (XIIᵉ siècle) © B.N., Paris ; p. 47 *Cantiga Alfonso X*, Escorial (bibliothèque du monastère), Madrid © ARTEPHOT ORONOZ ; p. 48 Enluminure (XIIIᵉ siècle) © British Museum, Londres ; p. 50 Enluminure du *Taciunum sanitatis in medicina* (abrég de santé), extrait de la traduction latine du traité d'hygiène composé par Abbacassis, médecin arabe du XIIᵉ siècle, Italie du Nord, fin XIV début XVᵉ siècle © B.N., Paris ; p. 51 Vitrail du XIVᵉ siècle © F. Garnier ; p. 52 Enluminure d'un manuscrit de la Bodleian Librar Oxford © Bodleian Library ; p. 53 Enluminure de l'*Armorial d'Auvergne* de Guillaume Revel (XVᵉ siècle) © B.N./HACHETTE ; p.54 *Martyrologium* © B.N., Paris ; p. 55 *Livre du régime des provinces* (XVᵉ siècle) © B.N., Paris ; p. 56 © Houvet/HACHETTE ; p. 57 Enluminure des *Heures de Charles d'Angoulême* (XVᵉ siècle) © B.N./HACHETTE ; p. 61 *Grandes Chroniques de France* © B.N., Paris p. 62 © F. Garnier ; p. 63 *Hortus Deliciarum* (1167-1195) par Herrade de Landsberg, éd. F. Le Roux © HACHETTE; p. 64 © Rober Tiscador/TOP ; p. 65 Manuscrit français : *Les Passages faits outremer par les Français contre les Turcs et autres Sarrasir et Maures outremarins*, enluminure de Sébastien Mamerot (XVᵉ siècle) © B.N./HACHETTE ; p. 67 © M. Beaugois/PIX ; pp. 70-7 Enluminure des *Chroniques de Froissard* (XVᵉ siècle) © B.N., Paris ; p. 72 en haut et en bas, *La Romance d'Alexandre, archer*, enluminu de Jehan de Grise, Flandres (XIVᵉ siècle) © Bodleian Library, Oxford ; p. 78 © Archives photographiques de Paris/S.P.A.D.E.M. ; p. 7 © C. Gauthier/PIX ; p. 80 © ZEFA ; p. 81 © J. Boyer/PIX ; p. 84 en haut © Erich Lessing/MAGNUM, en bas © G. DAGLI ORTI ; p. 8 © J. Benazet/PIX ; p. 86 en haut © M.- J. Jarry et J.- F. Tripelon/TOP, en bas © CP/Jon Blau/IMAPRESS ; p. 87 bas © Ludwig/ZEFA p. 91 en haut à droite © PROD, au centre et en bas, photos extraites d'une brochure réalisée par OVNY COMMUNICATION Les Herbiers, pour la Cinéscénie du Puy du Fou (Vendée).

Couverture (conception-réalisation) : Jérôme Faucheux.
Intérieur (conception-maquette) : Marie-Christine Carini.
Réalisation P.A.O. : Médiamax.
Illustrations : Michel Politzer, sauf pp. 88, 89 et 90 : illustrations de Jamy Pruvot.

城堡和歷史   5

最初的歌詠 …………………………… 6

城堡圖示 ……………………………… 10

城堡，你為何而建? ………………… 16

木的城堡，石的城堡 ………………… 24

歷史發展線索 ………………………… 28

城堡的生活   33

主堡的生活 …………………………… 34

狩獵 …………………………………… 42

比武大會 ……………………………… 44

名副其實的小村莊 …………………… 48

村民們 ………………………………… 52

時間的考驗   59

石頭與人 ……………………………… 60

進攻與防守 …………………………… 70

悲愴的廢墟 …………………………… 78

歐洲的城堡 …………………………… 82

補充知識 ……………………………… 88

小小詞庫 ……………………………… 93

索引 …………………………………… 95

目

次

最初的歌詠

城堡圖示

城堡,
你為何而建?

木的城堡,
石的城堡

歷史發展線索

最初的歌詠

佩尼亞朗城堡
（西班牙）

就如它的鄰居佩尼亞菲耶爾城堡一樣，它是11世紀沿杜羅河而建的眾多城堡中的一個，處在卡斯蒂利亞的最南端，以保衛這個地區免遭當時控制南部西班牙的穆斯林的入侵。

星羅棋布的城堡

說起城堡，你們在歐洲是隨處可見的，如在法國、德國、英國、瑞士，甚至遠至西班牙、義大利或更為遙遠的地方。

在法國，一些城堡座落在高山之巔，如在庇里牛斯山峰、奧弗涅的「皮伊*」和孚日的「山球*」之上。在旅行中，你會不時地發現它們一個一個的身影。有時我們只能看到一些廢墟。當天空灰暗，其模樣陰森可怖，而在陽光明媚時，又使人覺得安全可靠，它聳立在那邊彷彿在保衛山谷裡的人們。有一些城堡建造在平原由人工堆築的土丘上。有

註：帶星號*的字可在書後的「小小詞庫」中找到。

城堡和歷史

一些傍河流而建，處在人們進出的自然要道旁。這些城堡的領主利用城堡，向過路船隻收取通行稅：今日汽車行駛高速公路要繳通行費可能與此有關！最後，還有一些城堡豎立在城市的中心。在山巔和在河邊，它們的形勢不同；它們所建造的時代也不一樣，這就意味城堡和城堡之間的千差萬別。

我們接下去要一起去探尋的古堡約建於公元800年至15世紀末，總共700年的時間裡。在這漫長的歲月中，建造的方式發生了很大的變化，15世紀的城堡和查理曼時期的城堡就有很大的不同。我們的古堡探幽不可能向你們展示全部，因為它們數不勝數。

阿勒茲城堡
（康塔爾）

該城堡由一位奧弗涅的陸軍統帥建於13世紀，在百年戰爭中成為剪徑強盜的據點，從1383年至1390年，強盜以此為據點，對整個地區進行燒殺搶掠、敲榨勒索與綁架暗殺等，整座城堡在1405年聖弗盧爾城居民的一把大火中付之一炬。

城堡和歷史

曲徑通幽處

當你目睹歷經幾個世紀、現在雜草荊棘叢生滿目瘡痍的古堡時,會產生一種在別處感受不到的強烈神秘感:從前的人生活在這樣的地方?讓我們聽一下二位大文豪向我們講述他們在這些荒蠻的古堡前的感受吧!古斯塔夫・福樓拜(Gustave Flaubert)在1847年見到了克里松(在南特的南面,位於大西洋岸羅亞爾省)的一些城堡遺址,他寫道:「我穿過小橋,來到通往城堡的陡峭山間小道,看到一堵碩大的城牆堅毅而冷峻地佇立在它所依靠的壕溝之上,城牆上冠之以千瘡百孔的突廊……一棵綠樹穿透了厚厚的城牆,平平地伸出去,懸在空中,自由自在地生長著……」偉大的詩人維克多・雨果(Victor Hugo)對德國美因茨和科不稜茨之間沿萊茵河谷而建的城堡廢墟也懷有同樣的印象,他在給朋友的信中寫道:「另一個夜晚,在暮色蒼茫之中

貝里克城堡
(蘇格蘭)

天空映襯出這些荒涼的廢墟,雲朵在海風的追逐下拼命逃竄。《艾凡赫》(Ivanhoé)的作者華特・司各特(Walter Scott)曾從這些蘇格蘭的城堡中獲取靈感。

城堡和歷史

我所面對的是一座高高的山丘，黑壓壓光禿禿的，遮住了整個地平線，在它的頂端，高踞著一座巨大的古堡廢墟，孤零零的……四座城堞被歲月侵蝕得變為三角形了，使得城堡昏暗的剪影變得完整了，給城牆戴上了一頂萃萃尖尖的桂冠。現在居住在這座破敗城堡中的農民在裡面點燃了一堆熊熊的柴火，火光從廢墟僅有的三個開口處透出來。」

15世紀的索米爾城堡

索米爾城堡建於 12 世紀，15世紀重修，稱得上夢幻之宮。然而林布格兄弟在他們的縮微模型《貝利公爵的嘉年華》中，卻將現實理想化了。

城堡和歷史

城堡圖示

1. 護城木樓
2. 外堡*
3. 吊橋
4. 箭眼
5. 16. 哨樓；瞭望臺
6. 8. 18. 環城塔樓
7. 17. 環城通道
9. 教堂
10. 主堡*
11. 煙囪
12. 井絞車
13. 護衛牆*
14. 城堞
15. 射擊眼；槍眼
19. 扶堞；牆堞
20. 護城河
21. 襯牆；護牆
22. 突廊*

11

城堡和歷史

複雜的防衛體系

大部分中世紀時期的城堡早就被毀壞了。手
們應該將它們修復嗎？又如何修復呢？問題
提了出來，專門研究修復中世紀建築物的建
築師歐仁‧維奧萊特‧勒杜克(1814-1878
對此問題用一種常被人認為值得討論的方式
作了回答，尤其在修復皮埃峰城堡的工作中
下面是他對一座城堡內部組織的描述：

「今天，所有這些領主的宅邸都遭受了
如此的毀壞，以致我們很難確切地知道他們
居住的部分。塔樓和護衛牆比其它建築要厚
一些，免遭了摧毀，使我們能夠判斷出長
駐的防禦部署，但卻沒法告訴我們內部分
布的細節，也沒有告知保衛要塞部隊的眾
多防區。我們要弄清13世紀上半葉的城堡是
什麼樣子，就必須借助編年史和小說中的描
寫……」

在13世紀的城堡裡，「每道門構成一個
防區，每個防區可以和城堡其它部分相隔離

環城通道

日子過得不太平：武裝
匪徒四處游蕩。這就是
為什麼城牆上總有全副
武裝的士兵值勤。在塔
樓上掛著一間哨樓，哨
樓裡有幾個茅坑*。對從
下面經過的人來說真是
糟透了，他們一不小心
就可能得到從天而降令
人噁心的污水糞便！

城堡和歷史

配備有自己的塔樓、房間、廚房、爐灶、井、地窖、甚至磨坊，是一座真正的小城堡。領主將防區的防衛交給一名小隊長負責，小隊長率領著若干個武裝人員……因此衛戍部隊僅僅是若干個小部隊的組合，同樣，整個城堡也只是幾個在必要時可以獨立自衛的小要塞的集合體……主堡的重要性就來自於此，它可以保護領主免遭周圍小部隊的不測。」

歐仁・維奧萊特・勒杜克(E. Viollet-le-Duc):《11至16世紀法國建築考證詞典》(*Dictionnaire raisonné de l'architecture française du XIe au XVIe siècle*)，巴黎，1854–1858年，條目「城堡」(«Châteaux»)。

吊橋與閘門的運作

守橋者拉動鐵鏈，使木梁蹺起來，帶動吊橋板升上去。閘門的木欄杆很重，因此為閘門裝備了木滑輪，滑輪安裝在上面的房子裡。

13

城堡和歷史

二道圍牆加一座主堡

武器庫與牢房

每座圍城塔樓都是多層建築，每層之間由設在厚厚的圍牆中的樓梯聯絡。每一層有一間武器庫，衛戍部隊的士兵們住在這裡。領主則將罪犯關在塔樓的地窖或塔樓頂端的牢房裡。

在進入城堡之前，重要的是要經過辨認，要出示紋章的顏色。當人們確信你是領主的朋友時，才准許吊橋的守衛放你進來。吊橋平板放下來，你進入第一道圍牆裡面。你一通過，吊橋隨後就關閉了。一旦進入院子你就算來到了一個真正的村莊，各種各樣的牲畜，如狗、豬、羊，在裡面的小街上遊蕩去，小街兩旁有些小鋪子：麵包房、鐵匠

14

城堡和歷史

鋪、金銀匠鋪*等等……這是城堡的「家禽飼養場」，它處在主堡巨大陰影的籠罩之下，被第二道圍牆所緊緊包圍，這第二道圍牆就是襯牆。你可要留心了！並不是所有的人都可以進入這塊保留給領主的院子，這是城堡的頂級防區。主堡的門開得很高，人們須借助一架活動的梯子才能進入。遇到危險，就把梯子拿掉。

在主堡內部，生活是很艱苦的。冬天，因為裡面沒有壁爐，煙囪只供需要做飯的地方使用，人在那裡會感到極冷。在領主家庭生活的「房間」裡，厚厚的牆壁上裝飾著一些掛毯和壁毯之類，稍微使人覺得舒服些。大的城堡有大房間供守衛部隊在巡邏之間集合。為了能夠抵擋圍攻，主堡裡應有盡有。裡面有井，也有烤麵包的火爐。主堡的頂端經常高高地設著一座磨坊，可以磨麵。磨麵的麥子存放在地窖裡，以防鼬的啃咬，到了14世紀以後，所防的對象則是貓了。

但是對於囚徒來說可慘了，他們蹲的牢房真是又黑又髒！

廚房

在重要的城堡裡，廚房是在裡面一道圍牆即襯牆圍起來的院子裡。廚房裡沒有爐灶，但有巨大的煙囪。人們將肉掛在烤肉的鐵杆上放入煙囪中去烤，人們還將鍋子吊在掛鍋的鐵勾上放進去燒。

城堡和歷史

城堡，你為何而建？

來自北方的強盜

在公元 814 年查理曼去世以後的三十年間，他的帝國充斥著戰爭和廢墟。查理曼（768-814 年）是西方的第一個皇帝，他統治了極大部分的歐洲，並且帶來了和平。但從 843 年起，他的帝國分裂為三個部分。三塊土地的主人是查理曼的三個孫子，他們只顧著爭吵，而這時北方（挪威、丹麥）的「諾曼人」乘著他們的「得拉卡爾」船*操槳駕帆而來，開始洗劫法國和臨近國家的沿海地區。這些強盜甚至沿河而上，他們的襲擊給內陸帶來斷牆殘垣、滿目荒涼，頻繁的戰亂使那裡的貧苦百姓過著無助的日子。

掩埋了1000年
這艘「得拉卡爾」船*掩埋在挪威奧斯伯格的泥土裡，1903年被發現。船長21.50公尺，可乘坐30至40人。

16

攻擊以後

諾曼人從河谷中突然冒出來,他們搶劫了村莊,裝滿了掠奪品後,又開船出發。

一位當事人敘述:那時,正在黎明時分,一大批諾曼人突然來到亞眠,燒殺擄掠,不分男女。除了交了贖金的,其餘房屋全部夷為平地。基督教徒成為屠殺、搶劫和蹂躪的犧牲品……幾乎沒有任何村鎮,沒有任何寺院能夠幸免於難的。所有的居民都逃難去了,很少有人敢說:「留下來,留下來,進行抵抗,為你的國家,為你的孩子,為你的人民而抗爭。」

「諾曼人的國王們洗劫了周圍地區後,放火焚燒列日城、馬斯特里赫特鎮和通格爾城。接著他們在里普利安法蘭克人居住地區大肆殺人、搶劫和放火,破壞那裡的一切。」……(雷及儂·德·普呂姆,10世紀)

城堡和歷史

両位全副武裝的戰士
（11世紀）

這是一尊在法國的克萊蒙費朗的波爾聖母院廊柱頭上的雕塑，這兩位裏在鎖子甲中的士兵在此代表善的力量，與魔鬼般的邪惡鬥爭。

日常的恐懼

面對接踵而來的天災人禍，人們生活在恐不安之中，於是他們懷念以前查理曼統治下有秩序的日子。於是自然而然的，每個人希望有一位比他們強的人能夠保護他們。這個人他自己也在尋找一位比他擁有更多地、能夠維持更多戰士的靠山。這位靠山常是「伯爵」的繼承者。在九世紀初，「伯爵是皇帝在地區的代表。

城堡和歷史

人和人之間的聯繫

為了換取這類保護，就自然要求提供不同的服務。最終每個人都依附於他人，於是，人們會稱某人是某人的「附庸*」。對「附庸」來說，如果他自身有足夠的財富又夠強大，他又可以去保護他人。所有這些人和人之間的約定是透過誓言*的力量締結和確保的。戰士們通常不懂讀書，不懂寫字，除信守諾言之外別無信仰，從不會有高尚的舉動。如此就出現了環環相扣的依附關係，人們稱之為封建制度*。

封建制度在12世紀確立。接著理論家們將之確定為一套十分複雜的體系，在這個體系中，各方面的社會生活不得不遷就，就如被裝入一具僵硬的模子中。

效忠宣誓的場面

阿拉貢國王阿爾方斯二世(1162-1196)接受佩皮尼揚市民們的效忠宣誓。附庸們將手放在領主們的手中，這一姿勢就足以建立主從關係。在12世紀，在人和人的關係上姿勢比語言更有效。

19

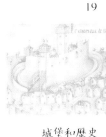

城堡和歷史

第一批城堡

領主們就這樣擔起了保衛需要他們庇護的那些人及其家庭的責任：他們開始建造設防的建築，一旦遇到危險，能讓所有的人都在裡面避難。這些小的要塞出現於九世紀中葉：這就是最初的城堡。當危機來臨，就在這些建築的周圍組織防禦。當時的城堡還很簡陋，是用木料建造的。起先人們尋找地勢較高的地方造城堡：如果周圍有一座陡峭的山崗，伯爵或他的附庸之一就將城堡建到那邊，其目的就是為了儘可能使人不容易靠近它。然而，如果當地是平地，那又如何是好呢？再

教堂的保護者

這是莫札克教堂（多姆山省）的一個廊柱的頂部。騎士身裏鎖子甲，呈現的形象比他所保衛的教堂還要高大。

20

城堡和歷史

簡單不過了：領主將他的農民召集起來，令他們用鐵劍和鐵鎬築一座人工的小山，人們稱之為土丘。然後木匠*和細木工匠*就在上面開始建造城堡。

在十世紀，城堡全部用木料建造，大森林遍布歐洲，可提供豐富的木材。一旦建成，剩下的工作就是防止城堡遭到突襲：農民在土丘周圍挖出一條壕溝，接著在壕溝的後面豎起一道柵欄，柵欄是用巨大的木樁插進地面建成的。

砍伐樹木

木材十分豐富。它的用途廣泛：可用於建造船隻、房屋和城堡等。這是《馬蒂爾德王后的壁掛》的局部。

21

人們普遍使用的是樹齡在50至100年的橡樹木。木材在冬季砍伐，過一、二年後才用。為了防止腐爛，人們要將木材進行熏製。

城堡和歷史

DINAN

進攻木城堡

這一場景取自《馬蒂爾德王后的壁掛》,發生在貝葉。「在此火把投射過來,它們引燃了城堡。快,它們蔓延開了,經過之處,一切化為灰燼。」

城堡和歷史

領主強盜

在1000年左右,諾曼人的入侵終止了,巨大的變化正在醞釀之中。987年後,法國終於有了一位被王國內的大貴族承認的國王。但事實上,除了他自己所直屬的那塊土地,即在「領地*」之外,國王很難使其他貴族臣服,不論是大貴族還是小貴族,儘管這些大小貴族在理論上是處在他的宗主權*之下的。他們

大部分所考慮的只是：透過搶劫致富，在他們的領地周圍散布著恐怖氣氛。下面是1023年勃韋的主教從鄰近貴族那裡得到的承諾，當時貴族們的惡行可見一斑：「我不採用任何方式侵犯教堂……我不強占農民，不強占農婦，不強占商人……我不鞭打他們、搶奪他們的財產……我不放火燒他們的房屋，也不強行拆除……我不以戰爭為藉口剷除或採摘他人的葡萄。」

儘管他們保證了領主的基本生存，這些領主仍看不起農民和手工工匠的勞動。他們最為喜愛的是兩件事：發動戰爭和追求儘可能的強大。他們也願意人們知道這一點。因此每個領主都渴望擁有一座或多座城堡，可供他在兩次擄掠的間隙在那兒窩藏。就這樣，人們到處可見城堡破土而出。

許多城市和村莊的名稱來源於一座古代的城堡。最為容易辨認的是那些名字中還保留著「城堡」一詞，並附帶有一個形容詞的，如法國的「新城堡」、法國的「美慕城堡」、英國的「新城堡」和西班牙的「新城堡」等，或附帶一個姓名的，如「梯也里城堡」。但其它很多的地名卻不大能識別出來。因此，所有稱為「拉費爾代」地方都起源於一座城堡，一般是規模較小的那種（在拉丁語中被稱為firmitas）。下面有幾個例子，在「拉費爾代」名字中附帶了建築城堡或是城堡主人的領主的姓名，如「拉費爾代－米隆」（在埃納）、「拉費爾代－阿萊」（在伊夫林）、「拉費爾代－貝爾納」（在薩爾特）。

12世紀的社會新聞

教會竭力想使士兵和殺手尊重宗教建築。但總是無法達到這樣的目的。聖徒托馬斯·貝凱於1170年被殺死在坎特伯里大教堂內，好人弗朗德爾·夏爾伯爵於1127年在布魯日教堂成為暗殺的犧牲品。

23

城堡和歷史

木的城堡，石的城堡

Le château de Sautrenon

科特勒農城堡
（奧弗涅）

緊縮在它的「襯牆」裡，這座城堡以它巨大的身軀俯視並保衛著緊靠它圍牆周圍的那些住家。這一畫面取自威廉·勒凡爾的《奧弗涅紋章圖集》，時間爲1450年。

造一間房子，需要砍伐12棵橡樹。造一座小城堡，需砍伐8000棵。

城堡和歷史

從木頭到石頭

從九世紀起開始建造的木頭城堡是十分脆弱的：進攻者只要往裡扔上幾個火把，整座城堡就會成爲一片火海。就算院子裡有井，也是杯水車薪，滅不了火：要不了多久，高傲的城堡化爲一堆焦土，裡頭的人不是死了就是成爲俘虜。然而，在11和12世紀，儘管戰火連綿不斷，法國和英國的國王們以及德意志的皇帝們卻鞏固了他們的權威，而且富裕起來。

領主的法律

商業再度活躍，金錢重新開始流通：在西歐
到處激起生活的新浪潮。領主是居住在該領
地農民和手工工匠的絕對主人，同時他還將
他的法律強加給所有進入他領地的人們。

　　無論何人，只要穿越他的領地，就必須
交納領地稅，這給領主帶來大筆錢財。如此
致富以後，他就著手建造更為堅固、更能抵
禦進攻者的石頭城堡。這已是貨真價實的堡
壘，壕溝越來越深，城牆更厚，主堡*更高。
這些巍巍的建築向世人顯示它們主人的無比
強大。

維安登城堡
（盧森堡）

建於11世紀，它曾經被
當作奧倫治—那騷王朝
的治所。一位特殊的購
買者於1820年將它拆
除，只保留了14世紀的
主堡和一些塔樓。維克
多·雨果曾於1862 －
1871年間多次在此小
住，在此寫作了《凶年
集》（Année terrible）。

城堡和歷史

上科尼斯堡城堡
（下萊因省）

上科尼斯堡城堡矗立在亞爾薩斯平原一座高755公尺的山峰上，15世紀它成了匪徒的聚集之處。巴塞爾、斯特拉斯堡和科爾馬等城市不得不聯合起來，在山頂上架起威力強大的大炮，以驅逐這些匪徒。後來部分被摧毀，接著又重建，1633年毀於大火。

26

城堡和歷史

在 法蘭西島的皮賽城堡在七年中重修了三次。

城堡的擴建

一些貴族很快聚集起令人生畏的權力。他們建造越來越多、防衛越來越好的城堡。在聖・路易所處的那個世紀（13世紀），這些城堡是一些宏偉的要塞，連續築有二、三道圍牆，可以抵禦一切進攻，他們圍牆的厚度達四公尺，並按一定距離的間隔設置許多塔樓加強。

城堡新貌

從9世紀起至15世紀，約700年的時間裡，人們不停地建造城堡。在即將進入16世紀的時候，封建的中世紀走到了盡頭，文藝復興和對新生活的渴望繼之而起。人們還在繼續建造城堡，但這些城堡不再是有意義的要塞，

而是一些舒適的行宮，是一些裝飾越來越富麗堂皇的宮殿。為什麼會發生這樣的變化呢？答案並不簡單。是不是像人們長期以來所認為的那樣，大炮的使用起了某種作用呢？當然不是，因為15世紀，甚至16世紀的大炮還沒有足夠的力量轟開厚厚的城牆。和教堂一樣，城堡和促使它們誕生的那個世界是緊密相連的，可以用來解釋它們出現的封建制度*結束之時，也就是人們停止建造城堡之日。

昆卡的貝爾蒙特城堡
（西班牙）

在15世紀中葉由卡斯蒂利亞伯爵儒安·費爾南多·帕賽科建造。城堡在一塊不毛之地的中心挺起它高傲的身軀。在15世紀，卡斯蒂利亞地區脫離了一個動亂時期，始終急於損害王權擴展自己權利的貴族從動亂時期得到了好處。

27

城堡和歷史

歷史發展線索

九世紀	• 843年，凡爾登條約將查理曼所創立的帝國瓜分成三個部分：日耳曼尼亞、羅退爾國、和未來的法國。羅退爾國不久便不再存在，從中分出現在的洛林。羅退爾國的各部分長期成為法、德兩國爭論的焦點。 • 諾曼人洗劫法國沿海,甚至在885年圍攻巴黎。	• 第一批城堡開始建造。這是一些簡陋的木城堡，或建於自然高地，或建於人造土丘之上。周圍有一條壕溝和一道柵欄，以防突然襲擊。 • 以木頭為主體的城堡在10世紀激增。
十一世紀	• 987年，休格·卡佩在法國建立了「卡佩王朝」。 • 962年由奧托一世創立的神聖羅馬帝國統治歐洲。 • 諾曼第公爵威廉一世(1027–1087)在1066年哈斯丁戰役中征服了哈羅德國王以後成為英格蘭的國王。 • 教皇烏爾班二世於1095年在克勒蒙號召第一次十字軍東征。	• 人們開始建造石頭的城堡,但大多數仍然還是木頭的。主塔為圓形或方形。城堡的圍牆經常有圓形或方形的塔樓加固。

28

城堡和歷史

城堡和歷史

歷史發展線索

十三世紀	• 1180年至1223年腓力·奧古斯都統治法國，他大幅度地擴大了領地和國王的權力。	• 1197年英格蘭國王和諾曼第公爵「獅心」理查建造了羅曼尼時代最堅固的蓋亞爾城堡。
	• 1208年教皇英諾森三世發動對阿爾比人的征討，以反對純潔派異端。這場戰爭為將法國南部一部併入卡佩領地鋪路。	• 1230年至1242年建造的庫西城堡的三重圍牆與完美的防區設計，或許堪稱最成功的哥德式城堡的典範。
	• 1226年至1270年聖·路易為法國國王。他的統治代表著基督的中世紀的鼎盛時期。	
十五世紀	• 英法百年戰爭於1337年開始，1453年結束（卡斯提翁戰役）。	• 城堡有時成了真正的夢幻宮殿，如在索米爾。1445年至16世紀初建造的波拿戈葉城堡（洛特一加龍省）代表城堡歷史的結束。波拿戈葉城堡雖然能抵擋大炮的進攻，但它從未遇到過圍攻。

城堡和歷史

城堡和歷史

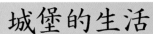

城堡的生活

主堡的生活

狩獵

比武大會

名副其實的小村莊

村民們

主堡的生活

洛什城堡
（安德爾－羅亞爾）

洛什的主堡是由安茹的伯爵們在11世紀時建造的，在1205年被腓力·奧古斯都獲得。從那時起，城堡同時用作監獄與王家的住所。在路易十一（1461-1483年）時期，巴呂的紅衣大主教就被囚禁於此，關在一個鐵籠子裡。一般認為是路易十一發明了這類鐵籠子。

主堡

什麼是主堡呢？是一個大的塔樓，它居高臨下（洛什主堡有40公尺高，庫西主堡高60公尺），傲視著城牆上的小堡。不論它是圓的還是方的，牆一定很厚：底部至少4公尺。決不會讓進犯者突然闖入主堡。

因此，在城堡的底部不設門，門開在離地面約5公尺左右的二樓，並且儘可能的小。如要進門，就要借助梯子，或在遭到進攻時

城堡的生活

可拆卸的木梯。現今的參觀者看到這扇主堡唯一的門竟開在他們頭上幾公尺高的地方，總是驚訝不已！在塔樓的頂端，有一條設有女兒牆的環形通道。有時，主堡頂部會設置一個小碉堡，哨兵在此監視周圍鄉村的情況。碰上危急情況，哨兵便吹號角，或移動指示牌來報警。

對主堡內部的參觀

讓我們先爬上木梯，門是開著的，我們就走了進去。噢，這就是大廳，一間有巨大拱形屋頂，可兼作起居間和餐廳的房間。堡主和他的家人就在這裡用餐、工作、娛樂和會見客人。地面是石板做成的，上面鋪撒一些麥稈。夏天，麥稈為花草和玫瑰所代替。牆壁

17世紀的庫西城堡

「我既非國王，又非親王，也非公爵，也非伯爵，我是庫西的老爺。」這就是英格朗德三世自命不凡的格言。他在13世紀豎起一座巨大的圓形主堡，主堡高60公尺，寬31公尺，是歐洲最高的建築物之一。他的繼承者給主堡添加了三層圍牆和一個令人生畏的堡壘群。

35

城堡的生活

上幾乎是光禿禿的，只掛著若干武器。家具不多，全是用木頭做的：一個大箱子充當大衣櫥、桌子和凳子；一把為堡主而設的座椅，面對壁爐，放著兩條又長又窄的長凳。壁爐的火是熄滅的，只有在傍晚快吃晚飯時，人們才將它點燃。大廳裡寒冷、陰暗和潮溼。

現在借助梯子下到底層，下面必須有一盞燈，因為沒有窗戶能使光線透進來照亮這間深井般的房間。很長時間人們認為它是充當「地牢*」的。事實上它們最經常被當作倉庫，儲存木料、酒、穀物和武器等。在底層下面還可以挖築地窖。

在某些城堡裡，地窖中引出一條出口通向野外的地道。地道的作用在於確保城堡和城堡間、城堡和外界的聯繫，尤其是被包圍時。它們也用來儲藏備用物資。

下面繼續我們的參觀。一座藏身於厚城牆內的樓梯把我們帶上三樓。我們進入了堡主的臥室。這裡的家具也不多，但有一張很大的床，床周圍是掛在床的橫檔上的布帘。堡主和他的妻子就睡在這裡。然而他的妻子在同一層還有自己的房間。在等待男人打獵歸來的時候，在女兒和僕人們的陪伴下，在那房間裡刺花繡布。

我們繼續拾階而上，樓梯越來越窄。我們來到最高一層，這裡隱蔽著子女們和僕人

主堡的窗子既高又窄。開在厚厚的圍牆裡，它們的形狀就如一間真正的小房間。窗子沒裝玻璃，因為玻璃十分稀少而且價格昂貴。代替玻璃的是鐵欄杆，或是羊皮紙。當夜幕降臨時，人們點燃松脂火把或油燈。

36

主堡的一樓是個既沒有門又沒有窗的黑坑，被用作地窖。在那裡人們儲放木材、酒、穀類，還有武器等儲備品。從來都沒有地牢*。因犯被關在塔樓頂端或底部的小黑牢裡。

城堡的生活

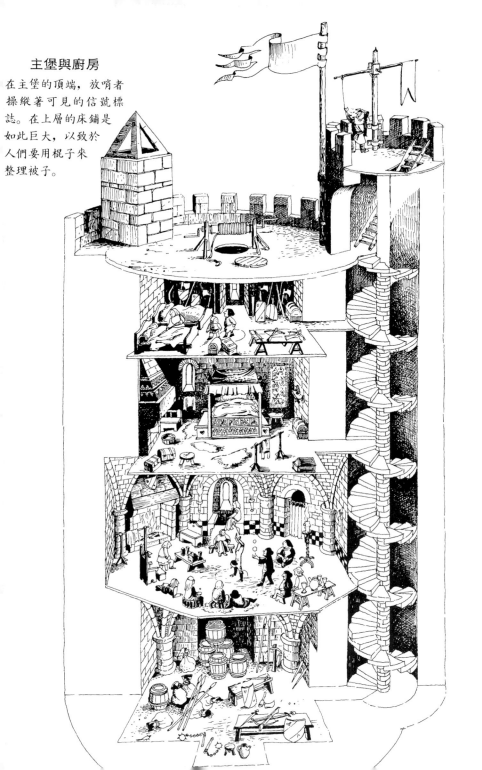

主堡與廚房

在主堡的頂端，放哨者
操縱著可見的信號標
誌。在上層的床鋪是
如此巨大，以致於
人們要用棍子來
整理被子。

們的集體房間。床十分寬大，通常四個人，六個人，甚至八個人睡一張床。過往的客人也在同一樓層留宿，除非他是比較高貴的客人。對於高貴的客人，堡主就將他自己的房間讓與來客。

大廳裡的晚餐

夜幕降臨了。主人和他的兒子剛剛打獵歸來。在大廳裡僕人們已將餐桌整理好：在擱架上放置了木板。沒有餐巾，也沒有桌布：這些東西是留著過年過節時才用的。盆碗是用錫和陶土做的，瓢勺則是木頭的。每位用餐者的前面有一把勺子和一只碗，叉子在當時還

38

城堡的生活

不存在，但一般來說，每二個人用一把刀。
菜肴是從設在院子裡的廚房拿來的，為了避
免冷掉，小菜上覆蓋著一層織物。現今法國
人常說的「鋪桌布」（準備用餐）來自這種習
慣。

　堡主和他的家人走進大廳。他們在盆子
裡洗手，用的是冷水，然後在桌旁坐下來，
所有的人坐在同一邊的長凳上，面向火爐，
火爐中的大木頭正在燃燒。僕人們忙著將湯
倒入碗裡，在各個大高腳酒杯裡斟酒。

弗瓦城堡
（阿里埃日）

弗瓦城堡建造在城市的
一座岩石山上，它在
1210年抵擋了西蒙·
德·蒙特福爾的軍隊，
接著又抵擋了國王膽大
腓力三世的軍隊。它後
來作為純潔派教徒以及
15世紀新教徒的避難
所。在這張照片上所見
的大主堡是由加斯東·
福布斯伯爵建於1362
年。

城堡的生活

城堡的生活

布拉岡查城堡
（葡萄牙）

城堡建於12世紀，它曾是強大的布拉岡查家族的所在地。該家族源出國王約翰二世的私生子阿爾方斯一世，在17世紀繼承了葡萄牙王位。有一座城市在城堡周圍發展起來。

一些人先吃餡餅，另一些人先吃野味，還有一些人先吃奶酪。端上來的魚和肉都放在浸了沙司的大片薄麵包上，吃的時候用小刀切成小塊，用手拿起來放入嘴裡。晚餐時間拖得很長，其間充滿著歡樂。一位江湖藝人玩了幾圈雜耍，然後在手搖弦琴的伴奏下吟誦著詩歌。二位在城堡中留宿的朝山進香

者講述他們旅途見聞。現在，時間不早了，主人喝一杯用胡桃酒配製的利口酒，而他的妻子和女兒們卻偏愛含蜜和薄荷的飲料。最後全體從桌旁站起身來，每人又去洗了一下手：在13世紀，人們很注意清潔衛生，經常清洗。不遠處，晚禱的鐘聲敲響了（21時），該上樓睡覺了。在中世紀人們習慣早睡。

里博維萊的聖烏勒律支

聖烏勒律支城堡的巨大廢墟俯視著里博維萊城。這座城堡建於12-13世紀，它既是最重要的要塞，也是一座行宮。由亞爾薩斯最強大的里博皮埃爾家族所擁有。

城堡的生活

狩獵

領主的喜好

12或13世紀的騎士酷愛戶外活動，只有策馬疾馳在灌木叢中追逐野鹿時才會感到無比的愜意。正如人們可以預料到的，他的愛好是很粗野的：不是打獵，就是用於訓練和為戰爭作準備的比武。

狩獵者和獵物

當時的樹林和平原上生活著各種飛禽走獸，人們還沒有火器對牠們造成毀滅性的殺傷。人們用獵鷹來捕捉各種鳥類，如野雞、山鶉、鵪鶉、鴿子等。

騎士就如他的妻子一樣有三個知心朋友：馬、獵鷹（隼）、和最優秀的獵狗。獵鷹在很小的時候就被抓來，經歷了長期和辛苦的馴養。在出發捕獵之前，人們在這隻猛禽頭上套上一只風帽，暫時不讓牠看到東西。當看到獵物後，將風帽除去，獵鷹立即衝天而起，瞄準獵物後，就如石頭一般直直地從天空中俯衝下來。不過一秒鐘，獵物在猛禽的尖嘴利爪下被撕裂開來。但一聲長長的口哨聲已經在召喚著獵鷹，它以閃電般的迅捷飛回來，停在主人戴手套的拳頭之上。對一

萊斯特伯爵
西蒙·德·蒙特福爾
的印章（1259年）

上面是一個富裕的貴族裝備齊全去打獵：沒有武器，也沒有盔甲，只有一支號角與一隻狗。追捕一隻鹿比殺死牠更可以取悅他。殺鹿的任務是交由助手或侍從處理的。

42

速度記錄：
狗：每小時65～70公里
馬：每小時70公里
獵鷹（隼）：飛翔速度每小時80公里；俯衝速度每小時250公里
野豬：每小時48公里
野兔：每小時65公里
鹿：每小時80公里

城堡的生活

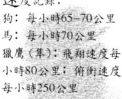

獸（野豬、鹿、狼等）的圍捕則要借助強壯
的大獵狗*群。騎士們有時也喜愛音樂，但他
們也喜歡聽到森林深處的狗吠狼嗥聲。

獵鷹（隼）捕獵的
場景（15世紀）
獵鷹捕獵是貴族極好的
消遣。這是一種高雅的
休閒方式，所以貴夫人
們也常常參加。

43

城堡的生活

比武大會

戰爭和危險的體育遊戲

戰爭，那才是騎士們的嚮往。為了在戰爭來臨時能戰勝，要有應付各種考驗的強健體魄，訓練是很重要的。比武大會就是迎合了這種需要應運而生的。

　　在很長一段時間裡，比武就是安排兩支對立的部隊進行真槍實彈的戰鬥。但在中世紀末期，人們已習慣兩個人為一組來進行比賽：一個騎士對另一個騎士。在12世紀，甚至13世紀（聖·路易時代），在這種莊嚴的場合下會面的部隊每支有十來個戰士。會從

納韋爾的威廉三世伯爵的印章（約1160年）

納韋爾的威廉三世是一位強悍的戰爭首領。他的肩上扛著一面拖著三條旗尾的旌旗*，這是他身分的表徵。請注意盾牌的大小，它從下巴護衛到膝蓋，當時盾牌上還沒有紋章。

44

城堡的生活

事這種體育遊戲的人主要是無地又無城堡的年輕貴族。這項體育活動充滿危險，許多人為此終生殘廢，死亡事故也屢見不鮮。也許正是這種危險性才使這些比武大會在中世紀具有吸引人的魅力。

比武大會不僅開銷巨大而且需要長期準備。比賽之日，號角聲揚起吸引了成千上萬的參觀者，其中有農民、市民、貴族。在二、三天裡面，大家都要在城堡周圍的帳篷營地中生活。一場比武大會恰如我們現在的群眾性節日，有人組織，有人從很遠的地方趕來，就地過夜……

15世紀的馬上比武
在15世紀的比武大會上騎士們捉對廝拼。長矛與劍的鋒刃都為鈍鋒，只要求將對手打下馬來就行了。

45

城堡的生活

由「拉莫特」開頭的地名與「拉費爾代」一樣，都起源於一座城堡。通常城堡建在小土丘或高地上（拉丁語是motta）。最為常見的是「拉莫特」這詞總伴隨一個人名：

拉莫特—費內龍（在洛特）；

拉莫特—阿夏爾（在旺代）；

拉莫特—富凱（在奧恩）；

拉莫特—若斯朗（在涅夫勒）；

拉莫特—蒂伊（在奧布）。

比武盛會

比武要持續幾天，通常是三天。比賽從黎明時分做過彌撒就開始了，一直進行到太陽下山為止。中間有幾次暫停，人們可以吃點飯，包紮傷口，換武器和馬匹等。商販乘機向觀眾出售食品或其它各類商品。事實上從看臺一側看去，整個比賽就像一個集市。最後一天觀眾以歡呼聲挑出表現最佳的騎士。這位騎士得到的獎賞是可以親吻在場最高貴婦人。

46

13世紀的比武大會

在很長一段時間裡，比武大會不是一個人對一個人的，而是一支軍隊對另一支軍隊。真刀真槍，死傷無數。戰鬥在城堡的護衛牆*下展開。

城堡的生活

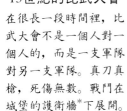

的雙手。每個夜晚，人們吃喝玩樂，晚宴間穿插著各類節目。江湖藝人玩雜耍和展現各種動物。在羅亞爾河以南的朗格多克地區稱為「特魯巴杜爾」(troubadour)而在其他地方叫做「特魯凡爾」(trouvére)的吟唱詩人在手搖弦琴*或在豎琴*的伴奏下吟唱著詩歌。人們吃著，跳著，唱著，笑著。比武大會是令人歡快的盛事。

兩位音樂演奏者

這是一幅13世紀西班牙感恩歌*手稿中的裝飾圖。在統治者和大封建主的大院裡舉行的慶典上，音樂占著重要的地位。

城堡的生活

名副其實的小村莊

城堡的生活

鐵匠鋪

鐵匠是很能幹的。他什麼都懂得做，什麼都懂得修。一切都離不開他的服務。許多人名，在法國如法布爾(Fabre)、勒費弗爾(Lefevre)，在英國如史密斯(Smith)，在德國如施米特(Schmidt)指的就是鐵匠。

層層圍牆

在城堡裡，領主和他的家庭並不孤單。眾多的僕人、手工工匠、農民同樣居住在城堡內不同的牆院裡面。如果我們越過入口的大門，便來到一張由小巷織成的網路之中，條條小巷通向各種建築：農民的住房、工匠的住所、馬棚、爐房、磨坊、井房、蓄水池、魚池和洗衣房等。我們感到已身處小城之中。但讓我們繼續往前走。

不久我們來到第二道圍牆，類似第一道圍牆，但卻沒有第一道圍牆重要。厚厚的圍牆中有一扇小小的門，裡面是錯落有致的大

院小房。城堡的衛士們就安頓在此。在那裡，我們還可以看到狗窩、鷹巢、廚房、糧食倉庫還有教堂等。狹窄的街道穿行在這些小屋之間，我們又一次領略到真正小城的景象。要到達主堡，我們還必須穿過最後一道圍牆「襯牆」，就如我們在前面介紹過的那樣，這道圍牆將主堡緊緊地圍起來。有多少人生活在這樣的城堡中呢？一百人左右，有時還要多一些。然而需要提醒的是，大部分的城堡沒有這般大，因此居住者的數目經常要少得多，它們的守衛部隊只有幾個人。

一份節日的菜單：
野兔與山鷸的肉糜
醬汁魚（白斑狗魚、鰻、鮭魚等）
烤禽（鵝、閹雞、孔雀與鴛鴦等）
野味肉（鹿、野豬等）
烤餅
果醬

在主堡大廳裡的晚餐

桌子擺成U形。所有的來賓坐在同一邊。大片的麵包當作碟子，兩個人用一把餐刀。

49

城堡的生活

在 城堡裡就如在村莊裡一樣，鄰近教堂與寺院的鐘聲每隔三小時為經課（禱告）敲一次鐘，以此分割一天的時間。因此人們以三小時為計時單位，每個時辰的名字用的是經課的名字，午夜敲響的鐘聲稱「午夜經」，3時稱「頌讚經」，6時稱「晨經」，9時稱「第3時經」，中午稱「第6時經」，15時稱「第9時經」，18時為「暮禱」，21時為「晚禱」。

街景

今天是比武大會的前夜。在城堡裡面，所有的人都忙得不可開交。最忙的要數鐵匠，他們要準備武器，為馬釘鐵蹄。而木匠們也同樣有任務，他們要完成比賽場地的柵欄和看臺。比武大會將在城牆腳下護城河的另一邊舉行。它將延續三天，這將是狂歡暴飲的三天。在城堡的小巷裡，二輪馬車搬運著一桶一桶的酒以及大批的食物。在廚房裡，也沒人閒著。屠宰工和麵包師忙壞了。到處人來人往，手忙腳亂。鐵匠鋪的叮鐺聲、塔樓和城牆之上的磨坊發出低沈的隆隆聲，夾雜著小孩們的叫聲、洗衣房的敲擊聲、狗叫聲、馬嘶聲。僕人和徒工們跑來跑去，尋找著工

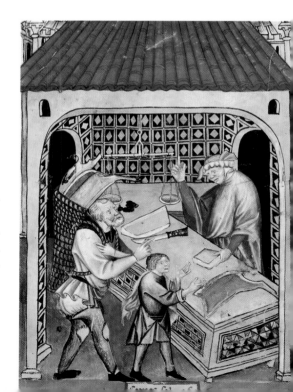

50

腌貨商

當時一般人們吃的絕大部分是豬肉。有時也有一點牛肉與羊肉，但從不吃馬肉。所有的屠夫同時也是肉食商，主要賣的是腌肉。

城堡的生活

具、牲口和貨物。

在房間裡也籠罩著十分興奮的氣氛。工匠的妻子們在做著準備工作，就像堡主的妻子和她的僕人在主堡中所做的一樣。每個家庭都預備招待一位親戚、一位朋友、或一位鄰居，在中世紀，人們是很好客的！讓我們聽一聽12世紀一位著名的作家克雷蒂安·德·特洛伊在他的小說《哀雷克》中所描繪的當人們進入城堡時所看到的情景：「他們終於來到城堡前，那豪華的城堡堅不可摧，穩如磐石。他們走了進去。在裡面，騎士們和小姐們發出巨大的和歡快的喧鬧聲。」

貨幣兌換商

要支付大筆錢時，人們有時使用胡椒，這是一種十分昂貴的產品。這幅芒市大教堂彩繪玻璃窗畫的上方顯示出兌換商的天平。

51

城堡的生活

城堡周圍的農夫

預示著歡樂的這些日子將是極受歡迎的。一些農民（那時人們稱之為「維蘭」）就居住在城堡裡邊，耕種著堡主的菜園和田地。而其餘的大部分農民則生活在外面，以小塊土地為生。這小塊土地即「租地」，是由領主轉讓給他們的。對於這些農民來說，在這個節日的前夜，鄉村的艱苦生活繼續著它的枯躁和單調。「維蘭」們的租地由可耕地、草地、菜園組成，有時還有葡萄園。這些全部由農民經營，但農民要向領主交納租稅作為交換。有的租稅要以現金支付，有的就是實物（蛋、禽、穀物、酒等），還有一些以鐘點工替代。農民必須服從領主的命令，負有各種義務，

風車磨坊

在西方，風車磨坊出現於12世紀末期。風車的上部是活動的：人們可以使它轉動，根據風向進行調整。

52

城堡的生活

如當城堡遭到攻擊時保衛城堡，為城堡值班放哨，搬運食物和貨物，造房子和造武器等等。同樣他們必須使用領主的爐房和磨坊來烤麵包和磨麵，每次使用都要交稅。他們沒有權利擁有自己的爐房和磨坊。還有一些農民比上面這些普通的「維蘭」地位還要低下。他們不能隨意挑選他們的居住地，不僅承受著沉重的租稅負擔，他們的財產還不能傳給他們的子女。這就是「農奴」。

村莊與城堡

這些向城堡走去的農民也許去那裡交納他們應付給領主的租稅（這裡為穀物、蛋或水果之類），以交換領主讓與他們的小塊土地與租地。

城堡的生活

在村莊裡

農民的房屋經常在離城堡不遠的地方聚集成村莊。這些房屋都是他們自己用木頭、麥稈和乾土建造的。屋頂是茅草的。所有的家庭成員住在唯一的一間房間裡，有時還包括牲口。屋內只有很少的家具：二張大床，一隻大木箱，幾條板凳。在閣樓上，有一個儲存糧食的穀倉。在房屋的背後，有一塊菜園，上面長著些蔬菜和農民的妻子們用來紡織的纖維植物，如黃麻、亞麻等等。

然而在今天早上，村子裡空無一人，原來全村男女老少都在田裡勞動。這是收穫的季節，所有的人都得幫忙。人們集體共同收割，連鐵匠和客店的老闆都來全力相助。他們用鐮刀* 收割著小麥和黑麥。同時談論著

收穫橡栗（13世紀）
這幅巴黎國家圖書館館藏的年曆畫表現出十月的景象：一位農民手執棍棒敲打一棵橡樹上的果實，用來餵豬。當時的豬還與他們在野外生活的「兄弟」——野豬十分相像。

54

城堡的生活

比武大會和比武的參加者，也談論今天晚上在教堂前即將舉行的村民大會。在晚上的大會上家長們將要決定接下去收割各家莊稼的次序，並分派勞力。討論將會十分激烈，因為每一次都要尋求本堂神甫的裁決。但無論如何這總是一次聚會的機會。唯一缺席集會的是村裡的放牧人。這二天，他要將公共的牲畜，尤其是豬，也有羊和牛，帶到城堡另一邊的樹林裡去，直到這個週末才能回來。對於放牧人來說，從沒有節日，因為牲口總是會餓的。

耕地

這是一幅巴黎國家圖書館館藏書稿中的小彩畫，展示了犁的功用，它可以在硬土上耕得很深。

55

城堡的生活

牧羊人

此雕塑是在夏爾特爾聖母院正門上的兩位12世紀的牧人形象。他們身穿農民服裝，這身打扮從古代高盧時期起幾乎沒什麼變化。

城堡的生活

1200 年左右的貴族婦女服飾大致如下：平紋細布巾作為胸罩，打褶的襯衣，亞麻的睡衣，長袖的寬長袍*，腰帶是皮的或是布的，長統羊毛襪或布襪，小巧的高幫鞋，搭扣在前面的大衣。

人們的穿著打扮

明天將是節日，人們都會打扮得比平常漂亮。一般農民只限於在嗶嘰襯衣外加一件粗布長袍和一條皮長褲。腳穿半高靴*，頭戴無邊軟帽。手上有時戴著粗布手套，這是為勞動而備的，或戴皮的連指手套，這是用於拔荊棘的。服裝方面的真正革命發生在 1150 年左右，那時正值路易七世時期。男人們改穿以前只有婦女才穿的長服，如長裙和寬裙*。同時，他們也不刮鬍鬚不剪髮，只是用鐵將頭髮燙成捲曲。教士將這種女性化的新時尚看作是可恥的而大加譴責。然而到了1220年左

右，男人們又剃去他們的鬍鬚，剪短頭髮。最後在1340年左右，男人的服裝又出現了一次新的革命。從此以後，他們穿起了緊腰的服裝，扣鈕扣或繫帶子，再加上一條短裙，露出兩條裹在緊身長褲*裡的腿。

人們的飲食

月天在大比武時，領主將會分發食品，敞開桌子慷慨待客。工匠和農民可以大大飽餐一頓。這種機會對他們來說是十分難得的。在平時，他們的飯菜主要是麵包、菜湯、麵糊和麵餅等。有時也能品嘗到奶酪、蛋和魚。肉和雞鴨是在星期天和節日裡才能享用的奢侈品。

村莊的節日
（15世紀）

跳舞是主要的大眾娛樂。男女老少樂此不疲。但大家穿的還是日常的衣服。窮人們沒有「星期天」服裝。

57

城堡的生活

石頭與人

進攻與防守

悲愴的廢墟

石頭與人

城堡的建造

這一切都已經定下來了：領主要請人蓋起一座又大又美麗的城堡。他要向那些好鬥的鄰居們炫耀，並使國王懂得，在他的家鄉，他才是唯一的主人。這座城堡要用石頭來建造，而不是像13世紀中葉聖路易國王鼎盛時期許多落伍者那樣用木頭來建造。

石頭從何而來？

這樣大量的石頭，要去哪兒找呢？如果只是簡單地在舊有的廢墟上建一座新的，人們只要利用舊建築的材料就解決問題了。如果你想從幾十公里之外的採石場花大本錢去運來石頭，事情就複雜了。當時一輛大車能運輸2500至3000公斤的貨物，條件是要有一條修築好的平坦道路。水路更經濟一點，但不是所有的城堡都是建在河邊或鄰近航運水道的。

60

時間的考驗

人們能夠在石頭上找到各種標記：採石的採石匠的、琢磨石塊形狀的鑿石匠的和將石塊堆砌起來的泥水匠的。

勞力

那麼，建築工人，他們是些什麼人呢？這些人又是如何招募來的呢？領主在當地找來他所需要的人。這些人是他領地上的工匠和農

民，他的領地有時是很大的。領地上的每個人每個月都必須為他幹幾天活，這是習慣使然，這就叫做服勞役。於是這些勞工們就來裝大車，推二輪車（這種車從13世紀開始使用）。用我們今天的話說起來，這是一些不熟練的工人。

建造聖德尼修道院

建造教堂與建造城堡請的是同樣的建築師、同樣的泥水匠和同樣的鑿石匠。這些人穿梭於城市和領地莊園之間，為出價最高的領主和教士提供他們的服務。

時間的考驗

石匠們

然而，要建造像庫西或像皮埃峰那樣的大城堡，工程的複雜不下於建造一座教堂。歷史學家們注意到，在城堡的石頭上留有和大教堂石頭上相同的工匠記號，這些教堂和城堡是同時建造的。因此城堡和教堂是由同樣的專家：鑿石匠、採石匠和泥水匠建造的。

松鼠輪

（13世紀的細密畫）

輪子裡的兩個人腳踩一級一級的橫檔，使輪子轉動起來，以此拉動繩子，吊起重物。

時間的考驗

Syraudynd duo quadurer con
cra dea ediu care uobuenr neuri
lieng uiu fouru loqui r loidi y
uuniruru murdu cir maruur

自由人

建築工人事實上可以從一個工地到另一個工
地隨意遷徙。因此他們和中世紀的大部分工
匠和工人不同,後者常常被局限在小的家庭
工作坊裡,遵守嚴格的規章。而這些建教堂
和城堡的石匠、泥水匠卻是獨立的:他們可
以在工錢上激烈地討價還價,有時甚至將他
們之中一些接受低工資的人痛打一頓。為了
保衛他們的利益,有時他們不惜採取罷工的
手段。

建造塔樓
(12世紀的細密畫)

這裡是泥水匠工具與儀
器的大集合:泥抹子、
鍾子、剷子、鎬、角尺、
水平儀與重垂等。

63

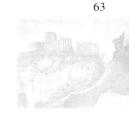

時間的考驗

騎士克拉克
（敘利亞）

「克拉克」(Krak) 是阿拉伯語「城堡」的意思。騎士克拉克是由耶路撒冷的聖約翰修士騎士團在12世紀興建的。城堡抵禦了兩百年所有穆斯林的進攻。三層圍牆長600公尺。主堡牆的厚度達9公尺。

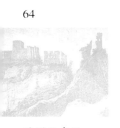

時間的考驗

64

木匠們

木頭是不是完全派不上用場了呢？實際上，很多地方用得著它：腳手架、支撐地板和屋頂的梁、起吊材料用的器具等等。因此需要請木工方面的專業工人。這些工人倍受歧視，這在我們今天看來真不可思議。他們常常離群索居。在法國南方，人們稱他們為「偽君子」。亨利—保羅‧艾杜克思在他那本美妙的《夢幻般的城堡》一書中引用了一段他在阿

里牛斯一大西洋省的檔案館中找到的文字。這是生活的一個斷面，它從數個世紀之前的地層深處突然冒了出來：「偽君子們向伯爵大人承諾和保證……做好蒙塔內城堡所需要的一切木工活：……從現在起到下個聖馬丁節，他們要將一切所需的木料砍伐、加工好，運到施工現場，必須全部到位，固定好所有必需的金屬配件。這些木工活的開支由他們負責……而伯爵給他們在森林裡獲取所需木料的權利。」總之，數百名工匠在一位建築師的指導下，由建築師規劃圖樣，籌備長期的工作，要忙碌上幾個月的時間。

工作中的木匠

在此人們可以清楚地看到木匠用的工具：鋸、斧、刨、木槌、釘子、梯、粗繩、鎬、千斤頂和劃線規等。

時間的考驗

規模特別巨大的若干
例子：

主堡高度：庫西城堡60
公尺；

主堡直徑：庫西城堡31
公尺；

城牆塔樓高度：萬森城
堡42公尺；

牆的厚度：騎士克拉克
城堡9公尺；

圍牆長度：吉舍斯城堡
952公尺；

護城壕溝寬度：弗雷特
伐爾城堡30公尺；

護城壕溝深度：蓋亞爾
城堡15公尺。

牢不可破的城堡

首要的問題是如何使城堡堅不可摧：城堡應
該能夠抵禦所有的進攻。城牆的基礎用上選
的大石頭來建造。人們將它們組合在一起，
要使它們能夠抵擋羊頭錘*和工兵鎬的打擊。
在各層加工過的石塊之間用砂漿*將它們互
相黏合在一起。在城牆的頂部石頭越來越小，
也越來越軟。

秘密世界

城堡是一座自我封閉的建築，防禦工事林立。
它的主人對周圍世界充滿著不信任。一位建
築大師能夠為他建造一座難於攻克的城堡，
全靠建築師有一套自己獨特的方法。建成後
它的主人就想盡辦法阻止這位建築師去為其
他的堡主服務。

11 世紀的一位伯爵夫人採用既簡單又
殘酷的辦法來解決問題。讓我們來聽一聽編
年史作者奧得里克·維塔爾向我們講述這件
悲慘的故事：「諾曼第的伊夫利主堡以它的規
模宏大，固若金湯而著稱。這是由貝耶伯爵
的妻子奧培蕾請一位名叫朗弗盧瓦的人建造
的，他是當時法國最有名望的建築師。當傑
作完成之後，伯爵夫人害怕他會去建造另一
座相似的城堡，而將之砍頭殺了了事。」

　　而工匠，他們總是小心眼地保留他們發
現的秘密。然而，這些秘密常被一些時常變
換工作地點的工人，或從一個城市遷往另一
城市的移民傳播開來。此外，秘密往往是不
大可能保持住的。例如，二輪車在13世紀被
廣泛使用，因為所有的人都可以在工地上看
到它。

佩勒拜杜斯城堡
（在奧德）

佩勒拜杜斯城堡高聳在
800 公尺怪石嶙峋的山
脊上，十分便於防守。
如果要進入其內部，唯
一的辦法是在大山的岩
石中挖一條暗道階梯。

67

時間的考驗

時間的考驗

建造城堡

瞧，　這個城堡
　　　的建築工
地真是忙碌！我們看到
城堡的厚圍牆並不是全
部由方方正正的石塊建
造的。比如，左邊的那

圍塔樓，我們發現在二層用整齊的石塊疊起的牆壁中間填充著大量混雜的碎石料。所有在工地上勞動的人屬於一個有組織的整體。泥水匠用砂漿黏合石塊，並需要石匠和木匠的幫助。升降機的升降要借助於「松鼠輪」，這是一種大輪子，在大輪子的裡面有一或二個人來確保輪子的轉動。和各種絞車、吊車一樣，松鼠輪在古羅馬時就為人所知和使用。

時間的考驗

進攻與防守

弩炮與投石機

畫面（見pp.76–77）上受到攻擊的城堡是在13世紀後半葉聖路易時期用石頭建造的大型城堡之一。當然，進攻者和防守者所採用的手段比12世紀路易六世時期更為有力。但我們不要忘記在11至13世紀之間並未出現大的

百年戰爭期間對一座要塞的圍攻

進攻達到高潮。防守者處於不利地位。他們試圖突圍，從高高的城牆上將各種家具和用具投向進攻者。

時間的考驗

技術發明。各種弩炮[*]、投石機（見p.74）及我們將在下面描寫的其它武器，一個世紀比一個世紀更為完善，但它們的功能與古羅馬時期並沒有不同。至於火器，它們從14世紀起才被真正使用，這才是貨真價實的大發明。

雖然火藥在 1260 年左右已被西方認識，但直至16世紀弗朗索瓦一世時才在軍事上得到有效的使用。

武器	投射物	射程
弓	箭 （90cm）	200 m
弩機	方鏃箭[*] （50cm）	200 m
大弩機	槍 （2－3m）	300 m
大石頭機	石球 （30－50kg）	250 m

71

時間的考驗

弓

中世紀的弓是用木頭做的（紫杉或白蠟樹），用金屬或動物角做的十分罕見。它的大小一至二公尺不等，但最短的弓最受歡迎。弓發射的箭長90公分左右，射程可以超過200公尺。

裝有攔腳架的弩機

弩機的使用到12世紀下半葉才開始流行。因為它的殺傷力太強，曾被教會禁止使用很長的一段時間。弩機是將一把小的硬弓固定在一個木架子上面構成的。木架子上裝有一隻攔腳架，把腳放在上面，在拉弦時可以省力。

72

時間的考驗

聽天由命吧！

在發動總攻擊之前總要先進行一段長期的包圍，有時長達數月。進攻者利用這段時間挖掘壕溝，構築工事，以防遭到反攻的不測。人們同時建造投射器械，如各種投射機（見 pp.74-75）。鄰近的森林提供了木料，他們從森林中砍伐來大量的橡樹木用來製造這些器械。隨著時間過去，進攻者有可能士氣低落，因此必須加緊行動。軍隊首領決定進攻：聽天由命吧！

裝置機關的弩機

這架弩機更加完美，它裝置有一種借力器，射手不用什麼力氣就可將弦拉動。弩機比弓優越的地方就在於拉弦時對射手來說不費臂力。這種武器在發射方簇箭 * 時比弓箭遠不了多少。

73

小投石機

小投石機是一種利用反作用力的器械，就如大投石機一樣。它和大投石機比，不僅個頭小，而且操作較為簡便。一次可發射若干個大如拳頭般的石球。所有這類器械都是由穆斯林發明的，在十字軍東征時才出現於西方。

時間的考驗

修道士修瑞描寫了 1111 年在皮塞城堡圍攻戰中的殘酷衝突。當時城堡還是木造的。「你也許會對一輪一輪的箭雨驚嘆不已，箭頭不斷打在頭盔上，迸發出閃閃的火花，盾牌*頃刻之間被重重地擊裂或擊穿。連最勇敢的人都無法承受的箭雨，一陣陣地從高高的箭眼*裡向城堡內部傾瀉下來。這裡的被圍者拆去木梁，投射木樁，開始反攻，但遭到了失敗。國王的人（進攻者）在另一側，用一切他們可以找到的木具作掩護，拼命想攻破大門。我們已經準備好一些車子，上面裝載著大量的乾木柴，並與油脂和凝固的血混合在一起，可以用來迅速引燃烈火……

我們的人拼足全力將這些車子推向大門，一方面為了點燃一場敵人無法撲滅的大火，另一方面，他們自己也可以拿木塔當掩蔽。蒂博伯爵率領著眾多的騎兵和步兵從另一面發動了進攻……他激勵著他的人從壕溝的陡峭高坡往上爬。他們用斧頭和其它的金屬工具向柵欄砍去，隨即使之化為紛飛的碎片。眼看著城牆也難保他們的安全，保衛者向小山頂上的木堡退去。不久就繳械投降了。」

大投石機

大投石機是一種大型的投石器械，能夠投射30至50公斤的大石球，距離超過200公尺。它靠一套彈性與反作用力的系統來運作。它的操作慢而複雜，每隔兩小時才能發射一顆石球。

75

時間的考驗

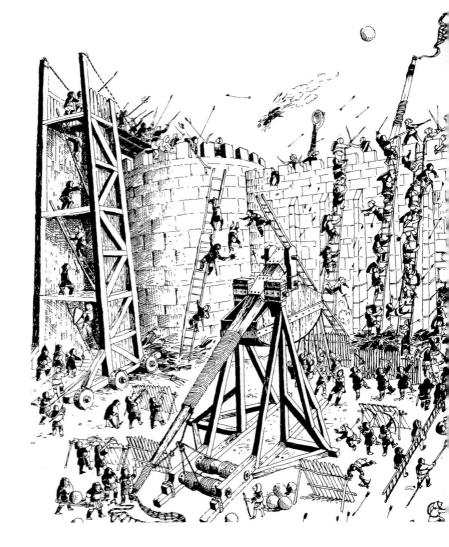

時間的考驗

衝啊！

大型的裝置，如在圖的左半邊的那種弩炮＊，發射著石球，它們足以毀壞護衛牆＊上的雉堞。在右邊，戰士們晃動著羊頭鎚＊，

竭力破壞城牆的牆腳。
人們隱蔽在用皮革包起
來的車子裡以躲開守城
者的弓箭。守城者利用
著箭眼*和城堞。在最左
邊,進攻者已經成功地

將一架活動的木塔推上
去,靠上了城樓。由此,
攻城者踏上了城樓的頂
部。戰鬥正呈白熱化。

時間的考驗

悲愴的廢墟

它們曾是多麼的牢固!

在整個中世紀,經千萬雙手修建起來後,城堡抵擋了許許多多的進攻,歷經百年戰爭(1377-1453年)的腥風血雨而無大的損傷。要奪取它們,人們首先考慮的是策反某些守城者,或透過智取。以強攻攻下城堡的人並不多。其次,徹底摧毀他們想占為己有的城堡,對進攻者說來沒半點好處。原屬英格蘭國王的堅固要塞蓋亞爾城堡,在1204年就是這樣幾乎是完整無缺地落到法國國王的手中。

蓋亞爾城堡的廢墟
(厄爾省)
(19世紀的繪畫)
這座城堡在中世紀末期變為監獄,17世紀在黎世留的命令下被拆除。

時間的考驗

奪取蓋亞爾城堡

圍困蓋亞爾城堡（見p.78插圖）的行動開始
於1203年夏天，國王腓力・奧古斯都的部隊
在城堡周圍紮營。秋天，當地總督羅杰・
德・拉賽因為食糧短缺，便讓那些無用的人
口，即在城牆內避難的周圍村莊的居民離開
城堡，這些數以千計的居民，便在壕溝裡遭
到國王士兵的大屠殺。接著腓力・奧古斯都
環城堡挖了二條深溝和一道由14座木樓加強
的柵欄。

洛賽城堡
（多姆山省）

洛賽城堡的廢墟俯視著
奧弗涅地區與波旁內地
區交界處的西烏勒河
谷。11－12世紀建於岩
石嶙峋的山鼻子上，這
座城堡在13世紀和百年
戰爭期間成功地抵禦了
數次圍攻。

79

時間的考驗

基爾春城堡
（蘇格蘭）

基爾春城堡建於14世紀，位於蘇格蘭，離埃韋灣不遠。就如眾多蘇格蘭城堡一樣，它發揮了抵禦來自海上侵略者的功能。

時間的考驗

然後，他對前沿陣地發起進攻，將護城壕溝填平，用挖牆腳的方法將其中一座城樓挖倒。防守部隊不得不躲避到城堡裡面。圍困拖過了整個冬天。但在5月6日，二名法國人在內部叛軍的策應下成功地通過茅坑*進入到圍牆裡面。他們馬上放下吊橋，在外面的部隊便攻進城來。對被圍困的人來說完全出其不意，他們來不及逃入主堡之中，除了投降無路可走。奪取蓋亞爾城堡後，腓力‧奧古斯都迅速征服了諾曼第全境。

城堡的敵人們

為什麼我們今天發現的城堡大部份都殘破不堪，而且經常是淒涼的廢墟呢？作為領主權力的傲慢象徵，從16世紀起，城堡的主要敵人是受他們主人壓迫的農民和城市居民，除此還有主權。事實上，不知有多少大大小小的領主奮起反抗國王的權威，直至國王將他們的城堡占領夷為平地！因周圍居民的要求，在16和17世紀，法國國王亨利三世、亨利四世和路易十三還摧毀了大批城堡，因為當地居民不堪忍受散兵游勇們互相殘殺蹂躪他們的村莊。法國大革命不僅摧毀了法國的舊制度和殘餘的領主權利，而且在1789–1800年左右還摧毀了數量可觀的象徵了舊社會的城堡。

法語「拆除」(demanteler) 一詞從構詞上看是「除去大衣」的意思。「拆除」城堡，確切地說就是推倒主堡的圍牆，就如脫去一件禦寒的大衣一般。因此一座被拆除的城堡就是一座被除去了大衣——護衛牆的城堡。

蒂福日城堡 (旺代)

蒂福日城堡位於南特以南，在15世紀是著名的吉爾·德·雷茨的住所之一。這位貞德的同伴，曾在1429年參加了解救奧爾良之圍的戰鬥。但後來深陷於荒淫與罪惡的生活之中，在蒂福日的地下室裡，他指使他人殺害了140名孩子。

時間的考驗

歐洲的城堡

歐洲現象

封建制度將城堡撒遍整個歐洲大地，使它成為歐洲獨有的景觀。在法國和其它西歐國家，城堡星羅棋布。在漫長的幾個世紀裡，歷經磨難，有的被焚毀，有的被拆除，更有甚者被連根拔起，然而它們並沒有完全消失。儘管它們的外表和作用都發生了變化，但許多城堡經過一個又一個世紀頑強地生存下來。從此以後它們成了人類的共同遺產。這張地圖所羅列的只是其中的一小部分。它們不僅使歷史學家們，尤其是那些研究建築史和總體藝術史的歷史學家感興趣，而且也引起了來自全世界無數旅遊者的好奇。

邦拉摂

愛爾

大西洋

布拉岡查　佩尼亞
拉莫塔城堡
葡萄牙　阿維拉　阿

西班牙

250 km

鄧諾塔爾城堡

青春城堡

格拉米斯城堡

愛丁堡

王城堡

聯合王國

卡那封

北海

波羅的海

馬林堡

沃里克

荷蘭

科爾切斯特

加的夫

溫莎城堡

奎德林堡

廷塔蓋爾 羅徹斯特 多佛

哈丁斯

根特 比利時

德國

什海峽

蓋亞爾城堡 庫西

蒙斯 于伊 埃爾茨 法爾肯施泰因

維安登 霍恩堡

代克

法來斯 文森

皮埃峰 盧森堡

孔堡

蒙勒利 普羅萬

霍恩內肯 海德堡

諾斯林

維特雷

耶弗爾勒勒夏特爾 上科尼斯堡 澳特洛特

蘇西尼奧

里博維萊 霍恩費爾斯

蒂福日 洛什

伐萊魯瓦勒布瓦 格藍森 墨爾斯堡

沃爾塞

阿爾累 瑞士

奧地利 阿斯帕恩

法國

圖爾諾埃爾 昂西

奇倫 布格蒂羅爾 海恩費爾德

梅爾勒 米奧藍 腓尼斯 維羅納

阿勒茲 卡薩列蒙菲拉托

維朗德羅 波拿戈葉 克呂索爾 義大利

波 阿維農 塔吉亞

普拉托

普呂納 耶爾

卓斯卡 弗瓦 佩列佩斯 聖弗洛朗

蒙塞居爾 薩爾斯 卡爾維 科西嘉島 維特爾博

赫羅納 科爾特 布拉恰諾

維亞 卡西諾 巴里

蒙特薩

查蒂瓦 博扎 撒丁島

巴利阿里群島 卡利亞里

卡斯特爾布沃諾

地中海 西西里島 爾米那

杜恩斯坦城堡
（奧地利）

杜恩斯坦城堡建在一塊高地上，俯視著多瑙河谷。英格蘭國王獅心理查 (1189–1199) 在第三次十字軍東征歸來以後，曾被奧地利公爵囚禁在此一年。這兩人在聖地耶路撒冷曾發生爭吵，英格蘭人不得不交付一筆巨額贖金換回他們的國王。

蒙特城堡
（義大利）

蒙特城堡在義大利的南部，是約在1240年根據德意志皇帝腓特烈二世的命令建造的。它的建築設計師以前在塞浦路斯和耶路撒冷工作過，這就是為什麼這座城堡很像十字軍的那種式樣。城堡的整體平面圖呈八角形。

時間的考驗

佩尼亞菲耶爾城堡
（西班牙）

這座城堡雄踞在高山上
就如一艘大船高昂起它
的船首，俯視著西班牙
的大河杜羅河與巴利阿
多里德附近的杜拉東河
的匯流處。城堡建於11
世紀，正當桑柯‧加西
亞從阿拉伯人手裡奪取
鄰近地區的時候，它在
14世紀時得以重建。

85

時間的考驗

哈斯丁城堡
（英國）

哈斯丁城堡的廢墟在英
國的南部沿海，俯視著
大海。離它不遠的地方，
在1066年曾發生過一場
大戰：諾曼第的征服者
威廉在此打敗了盎格魯
─撒克遜人的國王哈羅
德。城堡是在這一事件
以後建造的。

時間的考驗

根特城堡
（比利時）

比利時的根特城堡是由腓力‧奧古斯都從十字軍東征回來後建造的。但主堡很大一部分是屬於原由弗蘭德爾伯爵在11世紀建造的城堡。因為中世紀的石頭並不便宜，人們總是儘可能利用原有的建築。

居滕費爾斯城堡
（德國）

居滕費爾斯城堡是建造在萊因河沿岸的眾多城堡中的一座。它多次重修，但還保留了一座建於13世紀的方形高塔樓。站在它的頂端，人們可以俯視與控制整個周圍的河谷地帶。這座城堡的擁有者就是這個地區的主人。

87

時間的考驗

騎士的鎧甲

各部位鎧甲的名稱大部份來自其所保護的身體部位。例如，遮蓋著背部的金屬片稱「背甲」。以此類推，請你填一填下面這幅畫，並對照一下答案(*)

(摘錄自軍隊博物館文化及教育部門編訂的教育卡片遊戲。)

88

1. ....
2. ....
3. ....
4. ....
5. ....
6. ....
7. ....
   ....
8. ....
9. ....
10. ....
11. ....
12. ....

實用信息

走，到榮軍院 (Hotel national des Invalides) 去看一下國家軍事博物館的藏品吧！

可搭地鐵至 Varenne 站或 Latour-Maubourg站下車；或搭乘地區快速鐵路網(RER)C線至榮軍院站下車。

在職教員免費參觀。

文化教育處電話：44 42 37 70。

中世紀的飲食

· 在中世紀，人們還見不到馬鈴薯與玉米，也沒有糖。最常見的為麵包。人們用蜂蜜代替糖。
· 蠶豆、豌豆、胡蘿蔔、蘿蔔和麩皮麵包構成了窮人們的食物。
· 在封齋期，人們吃的是腌鯡魚。
· 領主們吃河裡的魚和許多獵物。
· 人們常喝的酒是含酒精量較低的。

十三世紀的一份食譜：

「準備好香芹，將它在奶油裡煎一下，再加水煮沸，放入鹽，做成像醬一樣的湯（用於麵包片）。」

——摘自Bruno Laurioux《中世紀餐桌》(*Le Moyen Age à table*), Paris, Adam Biro, 1989.

(*) 答案：1. 上頸盔；2. 護面盔；3. 胸肩甲；4. 肩胛甲；5. 護腕甲；6. 護指甲片；7. 護手甲；8. 腹鎧；9. 護手甲；10. 護腿甲；11. 護膝甲；12. 尖頭鐵甲鞋。

文字遊戲

擺好桌子

在中世紀，人們吃飯時，先要擺桌子（dresser），將平板放在支架上：桌子是可拆卸的。吃完飯，人們再將桌子拆掉。後來，演變為在同樣的情況下，人們說：「擺好餐具」(dresser le couvert)。

蘸蘸「素普」

人們吃麵包時要將麵包片在醬汁或湯裡蘸一下。麵包片在12世紀時稱為「索普」(sopes)或「素普」(soupes)。「蘸蘸素普」指的就是這麼一回事。後來，素普的意思變了，不再指麵包片了，而是指人們蘸麵包片用的湯料。

工作

為了使準備釘馬蹄的馬保持不動，鐵匠將馬固定在一個叫做「特拉瓦葉」(travail，拉丁語中的tripalium）的木架子上。這種架子後來消失了，這個詞卻保留下來，但意思全變了！(今日法語中travail是「工作」的意思。）

懂得去做，懂得去看

法國名勝古蹟博物館有開放製作工場供人參觀：在底層，你可以發現庫西、洛什與普羅萬等城堡主堡的模型，在這些模型旁，你還可以找到騎士克拉克城堡（見 p.64）準確的模型，圍繞這個模型的是一組風景照片和一張說明地圖。

博物館的製作工場

這些製作工場對學校團體開放，也對有家長陪同的孩子開放。人們在此可以：

- 觀看（有組織的參觀）；
- 親自動手做（尤其是模塑技術）；
- 利用建築的平面圖；
- 其它。

實用信息

- 法國國家名勝古蹟博物館 (Musée National des Monuments français)
  Palais de Chaillot
  Place du Trocadéro
  75116 Paris
  電話: (1) 44 05 39 10
- 有關製作工場，請打電話給 Elisabeth Dumonçay,
  電話: 44 05 39 05
  製作工場負責人是
  M. Didier Frémont。

補充知識

鬧鬼的城堡

格拉米斯城堡座落在蘇格蘭的珀思與亞伯丁之間。人們傳說，每當夜晚來臨，一位身披白色長紗的女子在那裡走來走去，揮舞著一雙血淋淋的手；同時，從地窖裡傳來陣陣沈悶的敲擊聲和可怕的喊叫聲：這是長著青蛙頭的巨人在哀鳴。他徒勞地用鎬掘地，卻怎麼也找不到隱藏在此的神秘寶藏！

傳說認為麥克佩斯在格拉米斯暗殺了鄧肯國王；事實上，這起11世紀的事件有可能是以因弗內斯城堡為背景的。

D'après Ch. Quinel et A. de Montgon,《蘇格蘭的童話與傳說》(*Contes et légendes d'Écosse*), Paris, Nathan, 1963.

紋章

在封建時代比武大會的混亂人群中，很難分清誰是敵人，誰是朋友。這就是為什麼騎士們習慣在他們的盾牌上畫上便於識別的記號：紋章。紋章由圖案與顏色構成,它們的搭配是有精確的規定的。只允許有六種顏色：白、黃、紅、黑、綠、藍。特種紋章必須挑選二種顏色，一種作為紋章的背景色，一種用於上面的圖案。圖案可以是動物（獅子、鷹、龍、野豬、烏鴉等），也可以是植物(樹、玫瑰、百合花等），或者是幾何圖案(十字架形，星形，X形等）。

今天，這些紋章依然存在。你們也可以創造你們自己的紋章。例如，你挑選出你最喜愛的動物和二種特別喜歡的顏色,將它們畫在你的書本上或者信箋上。這將是你的個人標誌。

動物

在城堡的各層圍牆裡生活著許多動物：馬、狗、豬、羊、牛、家禽等等。許多動物是自由地放養在人群與貨品中。某些動物，譬如豬，會引起很多的事故或損害，因為牠們到處覓食。

領主們最為喜愛的動物不是馬，也不是狗（它還沒有權利進入人的居所），而是獵鷹（隼）。人們利用這種獵鳥來狩獵。隼的馴養費時長，也很困難，但馴隼卻是貴族與騎士們最大的娛樂。

得福山莊的觀賞節目

在得福山莊（位於旺代），人們參觀一場大型文藝晚會《旋轉舞臺》，以及一個節目《一飽眼福》（它使參觀者在18世紀的村莊裡度過一個騎士們的節日）使歷史復活了。

來訪者

這是 J.–M. Poiré 的電影，由 Alter 電影公司於1993年1月發行。

可憐的無賴雅克烏伊（Christian Clavier 扮演）被他的主人戈德弗洛瓦（Jean Reno扮演）拖進了當代一次十分荒誕的旅行之中。面對這輛奇形怪狀的黃色小車，除了揮舞長劍將之劈為碎片，又能怎麼辦呢？

實用信息

歡迎查詢與訂位，可寫信或致電給：

得福山莊(Puy du Fou)

30, rue Georges Clémenceau,

B.P. 25, 85590 Les Epesses

電話：51 64 11 11

Minitel：3615 Puy du Fou

91

參考書目

Brochard (Philippe), 在中世紀城堡的庇護下(*A l'abri des châteaux du Moyen Age*), Paris, Hachette, 1982

Chatelain (André), 城堡, 中世紀戰爭的化石(*Châteaux forts, images de pierre des guerres medievales*), Paris, rempart, 1991

Facon (Roger), 法國城堡奇觀(*Châteaux forts magiques de France*), Paris, Laffont, 1982.

Miquel (Pierre), 在騎士與城堡的年代裡(*Au temps des chevaliers et des Châteaux forts*), Paris, Hachette, 1980.

Osban (Gillian)與Andrew (Robert), 城堡(*Les Châteaux forts*), 動畫本 Bayard éditions, 1991.

Pastoureau (Michel), 圓桌會議騎士時期的日常生活(*La Vie quotidienne au temps des chevaliers de la Table ronde*), Paris, Hachette, 1974.

Perdrizet (Marie-Pierre), 城堡 (*Les Châteaux forts*), Paris, Nathan, 1993.

Erlande-Brandenbourg (Alain), 正逢大教堂著彩時(*Quand les cathédrales etaient peintes*), Paris, Gallimard, 1993.

電影

Marcel Carné, 夜訪客(*Les Visiteurs du soir*), 1942.

Richard Thorpe, 艾凡赫(*Ivanhoe*), 1952.

Richard Thorpe, 圓桌會議的騎士們(*Les Chevaliers de la Table rond*), 1954.

Henry Hathaway, 驍勇善戰的親王(*Prince vaillant*), 1954.

Kevin Reynolds, 綠林好漢梁上君(*Robin des Bois, prince des voleurs*), 1990.

Jean-Marie Poire, 來訪者(*Les visiteurs*), 1993.

Jacques Rivette, 貞德(*Jeanne d'Arc*), 1994.

激光唱片

Cantigas de Santa Maria, 賢者阿方索十世(*Alfonso X el Sabio*), Astree-Audivis.

Clemencic Consort, 卡爾米那·比拉那(*Carmina Burana*), Harmonia Mundi.

宮廷音樂會, 15世紀(*El Cancionero de palacio*), Astree-Audivis

Clemencic Consort, 笨驢的節日(*La Fête de L'âne*), Harmonia Mundi.

行吟詩人(*Trouvères*), Harmonia Mundi.

義務工地

「老房子俱樂部」(Le Club du Vieux Manoir)成立於1952年。俱樂部在一位年輕人(14歲以上)的幫助下確保修復過去的古蹟。它的目標：恢復被人遺忘的古蹟，同時更重要的是對眾多年輕人提供不同的訓練，在俱樂部的工地上，他們學習為共同的任務一起生活與工作。
老房子俱樂部，10, rue de la Conssonnerie, 75001, Paris。電話：45 08 80 40。

城牆聯盟 (*Union Rempart*), 1, rue des Guillemites, 75004, Paris。電話：42 71 96 55。

貢戈爾迪亞 (*Concordia*), 38, rue du Faubourg saint-Denis, 75010, Paris。電話：45 23 00 23。

青年與重建 (*Jeunesse et reconstruction*), 10, rue de Trevise, 75009, Paris。電話：47 70 15 88。

C.H.A.M.E., 5–7, rue Guilleminot, 75014, Paris。電話：43 35 15 51。

本詞庫所定義之詞條在正文中以星號(*)標出，以中文筆劃為順序排列。

三　劃

大獵狗(Mâtin)
用來追逐鹿、熊、狼或野豬的大狗。

山球(Ballon)
在孚日山區，人們以此來稱呼山頂，因為當地大部分的山頂是圓形的。該詞源於古日耳曼語的Belchen。亞爾薩斯「山球」(亞爾薩斯語 Elsässischer Belchen)是一個像球一樣的山頂。

四　劃

手搖弦琴(Vielle)
弦樂器。人們借助曲柄轉動一個輪子，透過輪子的摩擦，使琴弦顫動。

方鏃箭(Carreau)
弩機的發射物。一種比弓上用的箭要短一些的重箭，取名方鏃箭。

木匠(Charpentier)
這些工匠負責建造建築物的框架，將用來支撐建築物的木料組合在一起，由他們來製作房梁。

五　劃

主堡(Donjon)
城堡的中心塔樓，最高，也最堅固。在11或12世紀領主和他的家庭居住於此。主堡的法文原文donjon源於拉丁語的dominus，意即領主，主人。因此這是領主的塔樓，主人的塔樓。

半高靴(Brodequin)
這是一種古代和中世紀的鞋子，能遮住腳和腳踝。在中世紀，鞋子就跟服裝一樣，有它自己的歷史。

外堡(Barbacane)
防禦建築。它的大小依防守人員多少而定。它建於城堡正門前沿，控制正門的出入。

皮伊(Puy)
此詞源於拉丁語podium，最早指的是雕像等的底座，後來演變為小山崗。該詞流行於法國南方，特別是奧弗涅地區，為「山頂」之意。在上盧瓦爾省的皮伊城位於一座火山頂，高625公尺。

六　劃

地牢(Oubliette)
人們拘押某些囚徒的地下室或暗室，這些囚徒注定要被遺忘(被遺忘者的法語詞為oubli)。

地道(Sape)
這詞原指為了暗地裡接近敵人而挖掘的壕溝。同時也可以用來指為了使敵人工事倒塌而挖掘的坑道。其意也可譯為挖牆腳。

羊頭錘(Bélier)
一種用來攻破城牆的戰爭器械。羊頭錘是這樣組成的：一根巨大的梁吊在一個木架子上，巨梁可以來回晃動，巨梁的頭部裝有一塊狀如羊頭的鐵，故名。

八　劃

宗主權(Suzerainete)
領主對他的全部附庸以及他附庸的附庸行使的最高統治權。

弩炮(Baliste)
法語原詞baliste來自拉丁語的ballista，可追溯至希臘語的動詞ballein，即投擲。弩炮指的是一種大型的戰爭裝置，從古代直至中世紀都有使用。它主要用來投射大的石球，開始以彎曲的纜繩作為投射的動力，後來採用平衡裝置。

金銀匠鋪(Fèvre)
法語原詞fevre為古法語，來自於拉丁文中的faber，指的是鐵匠，金銀匠，確切地說是特殊的金屬加工者，尤其是黃金。

附庸(Vassal)
在封建制度中，附庸要將他的手放在領主的手上，向領主宣誓效忠，然後領主向他提供保護。

九　劃

封建制度(Fèodal (système))
一種社會組織制度，它建立在采邑，也即透過互相承擔義務和確保領主授予附庸地產的基礎之上，整個組織從人和人的私人關係和對約定的尊重(以宗教為原則)來維繫。

盾牌(Écu)
這詞來自拉丁語的scutum(盾牌)。在中世紀，指的就是盾牌。盾牌的形狀與大小在查理曼到路易十一這段時間裡，不停地在變化。

砂漿(Mortier)
一種水泥、石灰、沙與水的混合物。它在空氣中變硬，用來將建築用的石塊磚頭黏合在一起。

突廊(Mâchicoulis)
一種石頭的長廊，建在城牆的頂端，向外懸出。突廊可以使守衛者向到達城牆底部的敵人投擲各類投擲物。

茅坑(Latrine)
該詞來源於拉丁語 *latrina*，而這個拉丁詞又來自於動詞 *lavare*，即洗手之意，指的是方便的地方，或公用廁所。在此指的是城堡裡的公用廁所。

十一劃

得拉卡爾船(Drakkar)
一種長形的船，帆是長方形的，在九世紀，北歐人用它遠征法國，見圖示。

旌旗(Gonfanon)
拖著二、三個尖尾巴的戰旗。在戰鬥中有將下屬召集到他們主人周圍的作用。

細木工匠(Menuisier)
這些工匠負責房屋和家具的木工部份。

十三劃

感恩歌(Cantiga)
這是一個西班牙詞，在中世紀指的是帶有音樂性的詩歌。

十四劃

緊身長褲(Chausse)
中世紀男性服裝的一部分，它遮蓋著從腰到膝，或到腳的身體。

誓言(Serment)
在中世紀，宣誓就是要信守自己的諾言，例如，將手伸出放在《聖經》之上。

領地(Domaine)
法語原詞 domaine 直接來源於拉丁語 *omanium*。它指屬於領主的全部財產：土地、房屋、村莊、城市，還包括人。

十五劃

寬長袍(Bliaud)
該詞起源於日耳曼語，在中世紀指的是一種男女都可以穿的寬鬆外套。

寬裙(Cotte)
一種在中世紀男女都可穿的寬長裙，穿在襯衫外面，不束腰帶。

箭眼(Archère)
箭眼的法語原文 archère 來源於弓箭 arc，它們是開在城牆上的一條狹窄的長縫，充作槍眼，弓箭手們由此向進攻者射箭。

豎琴(Harpe)
三角形的樂器，帶有長短不一的琴弦。人們用二隻手彈撥琴弦，使弦顫動。

二十一劃

護衛牆(Courtine)
連接在一起的護衛牆，一般指的是二座箭樓之間的那部分城牆。

鐮刀(Faucille)
一種長柄鐮刀，其刃如彎月，被固定在一個木柄上。這種鐮刀主要用於收割穀物，如小麥、黑麥或大麥。

小小詞庫

所標頁碼為原書頁碼，從粗體號碼的書頁裡可以歸納出該詞完整的意思。

二 劃

二輪車(Brouette) 61, 67
入侵(Invasion) 6, 22
十字軍東征(Croisade) 28, 30, 74, 84, 87

三 劃

上科尼斯堡城堡(Château du Haut-Kœnigsbourg) 27
土丘，拉莫特(Motte) 21, 28, 46, 75
大衣(Mantel) 81
大投石機(Trébuchet) 71, 73, 74, 75
大炮(Artillerie) 27, 30
大炮(Canon) 27
大獵狗(Mâtin) 43, 94
大廳(Salle) 13, 15, 35, 38, 49
小投石機(Mangonneau) 70, 71, 73, 74
小城堡(Châtelet) 13
小碉堡(Tourelle) 35
小鋪子(Échoppe) 15
工人，工匠(Ouvrier) 60, 61, 63, 64, 65, 67
工匠，手工工匠(Artisan) 15, 23, 25, 48, 51, 57, 60, 63, 93
工地(Chantier) 67, 68, 69
弓(Arc) 71, 72, 93

四 劃

井(Puits) 11, 13, 15, 24, 48
天災人禍(Fléau) 18
手搖弦琴(Vielle) 41, 47, 94
文藝復興(Renaissance) 26
方箭頭(Carreau) 71, 73, 93
木匠(Charpentier) 21, 50, 64, 65, 69, 93
比武大會(Tournoi) 42, 44, 45, 46, 47, 50, 55, 57, 90
火藥(Poudre à canon) 71

五 劃

主人(Suzerain) 94
主堡(Donjon) 11, 13, 14, 15, 25, 28, 34, 35, 36, 37, 39, 49, 51, 64, 66, 80, 81, 87, 93
加斯東·福布斯(Phœbus (Gaston)) 39
半高靴(Brodequins) 56, 93
卡佩的(Capétien) 30
卡斯提翁戰役(Bataille de Castillon) 30
外堡(Barbacane) 11, 93
市民(Bourgeois) 45
布拉岡查城堡(Château de Bragance) 40
弗瓦城堡(Château de Foix) 39
弗朗索瓦一世(François Ier) 71
弗雷特伐爾城堡(Château de Fréteval) 66
用木料做的城堡，木頭城堡(Château en bois) 22, 24, 28, 74
皮伊（山頂）(Puy) 6, 94
皮埃峰(Château de Pierrefonds) 12, 62
皮賽城堡(Château du Puiset) 26, 74
石球(Boulet) 71, 74, 75, 76, 93

六 劃

休格·卡佩(Hugues Capet) 28
全副武裝的戰士(Homme d'arme) 12, 13, 18
印章(Sceau) 42, 44
吉舍斯城堡(Gisors) 66
吉爾·德·雷茨(de Rais (Gilles)) 81
吊橋(Pont-levis) 11, 13, 14, 80
因弗內斯城堡(Château d'Inverness) 90

地下(Sou terrain) 36, 81
地牢(Oubliettes) 36, 94
地窖(Cave) 13, 14, 15, 36, 90
地道(Sape) 94
好人夏爾伯爵(Charles le Bon) 23
寺院(Monastère) 17, 50
尖頭鐵甲鞋(Poulaine) 88
收穫，收割(Moisson) 54, 55
江湖藝人(Jongleur) 40, 47
百年戰爭(Guerre de Cent Ans) 7, 30, 70, 78, 79
羊頭鎚(Bélier) 66, 77, 93
行吟詩人(Troubadour) 47
行吟詩人(Trouvére) 47
西蒙·德·蒙特福爾(de Montfort (Simon)) 39, 42

七 劃

亨利三世(Henri III) 81
亨利四世(Henri IV) 81
克里松城堡(Château de Clisson) 8
克雷蒂安·德·特洛伊(Chrétien de Troyes) 51
扶垛(Contrefort) 11
投石器械(Fronde) 75
攻擊，進攻(Attaque) 17, 22, 26, 35, 70
村莊(Village) 52, 53, 54, 91, 93
杜恩斯坦城堡(Château de Durnstein) 84
牢房(Cachot) 14, 15, 36
《貝利公爵的嘉年華》(Trés riches Heures du duc de Berry) 9
貝里克城堡(Château de Berwick) 8
貝葉(Bayeux) 22, 66
車子(Chariot) 60, 61, 75, 77
巡邏(Ronde) 15
防區，防禦(Défense) 12, 13, 15, 16, 20, 30, 66, 70
防禦工事，堡壘(Fortification) 35

八　劃

亞麻(Lin) 54, 56

侍從(Écuyer) 42

《來訪者》(Les Visiteurs) 91

佩尼亞朗城堡 (Château de Peñaran) 6

佩尼亞菲耶爾城堡 (Château de Peñafiel) 6, 85

佩勒拜杜斯城堡 (Château de Peyrepertuse) 67

宗主權(Suzeraineté) 22, 94

居滕費爾斯城堡 (Château de Gütenfiels) 87

弩炮(Baliste) 70, 71, 76, 93

弩機(Arbalète) 71, 72, 73, 93

征服者威廉一世(Guillaume Ier le Conquérant) 28, 86

放牧人，牧羊人(Berger) 55, 56

放哨者(Veilleur) 37

昆卡的貝爾蒙特城堡(Château de Belmonte de Cuenca) 26

服裝，穿著打扮(Costume) 56

林布格兄弟(Limbourg (frères)) 9

松鼠輪(Roue d'écureuil) 62, 69

武器庫(Salle d'armes) 14

泥水匠(Maçon) 60, 61, 62, 63, 69

波拿戈葉城堡 (Château de Bonaguil) 30

波爾聖母院(Notre-Dame du Port) 18

法國大革命 (Révolution française) 81

狗窩(Chenil) 49

采邑(Fief) 94

金銀匠(Orfèvre) 94

金銀匠鋪(Fèvre) 15, 94

長矛(Lance) 45

長柄鐮刀(Faux) 93

阿勒茲城堡 (Château d'Alleuze) 7

附庸(Vassal) 19, 20, 94

九　劃

前胸甲(Plastron) 88

哈斯丁城堡 (Château d'Hastings) 86

哈斯丁戰役 (Bataille d'Hastings) 28, 86

哈羅德國王(Roi Harold) 86

城牆(Rempart) 12, 24, 50, 70, 94

城堞(Merlon) 11

威廉‧勒凡爾 (Guillaume Revel) 24

封建制度 (Féodal) 19, 26, 27, 82, 90, 94

建造(Construction) 60, 63, 94

柵欄(Braies) 56

柵欄(Palissade) 21, 28

查理曼 (Charlemagne) 7, 16, 18, 28, 93

洗衣房(Lavoir) 48, 51

洗劫(Pillard) 16

洛什城堡 (Château de Loches) 34

狩獵，打獵(Chasse) 36, 38, 42, 43

盾牌(Bouclier) 44, 74, 90

盾牌(Écu) 74, 93

砂漿(Mortier) 66, 94

科特勒農城堡 (Château de Cautrenon) 24

突廊(Mâchicoulis) 8, 11, 94

約翰二世(Jean II) 40

背甲(Dossière) 88

茅坑(Latrines) 12, 80, 94

英諾森三世(Innocent III) 30

要塞(Fort) 13

貞德(Jeanne d'Arc) 81

音樂(Musique) 43, 47, 94

食譜(Recette) 88

十　劃

修士(Hospitalier) 64

修瑞(Suger) 74

倉庫(Magasin) 36, 49

哨樓(Échauguette) 11, 12

哥德式(Gothique) 30

夏爾特爾聖母院 (Notre-Dame de Chartres) 56

家禽飼養場(Basse-cour) 15

庫西城堡 (Château de Coucy) 30, 34, 35, 62, 66

效忠(Hommage) 19

朗格多克(Langue d'oc) 47

根特城堡 (Château de Gand) 87

格拉米斯城堡 (Château de Glamis) 90

烏爾班二世（教皇）(Urbain II) 28

租地(Tenure) 52, 53

租稅(Redevances) 52, 53

紋章(Armoiries) 14, 44, 90

索米爾城堡 (Château de Saumur) 9

純潔派(Cathares) 30, 39

納韋爾的威廉三世伯爵 (Guillaume III de Nevers) 44

耕地(Labourage) 55

院子，大院 (Cour) 14, 24, 39, 49

飢饉(Famine) 18

馬上比武(Joute) 45

馬棚(Étable) 48

《馬蒂爾德王后之壁掛》 (Tapisserie de la reine Mathilde) 21, 22

高腳酒杯(hanap) 39

十一劃

偽君子(Cagot) 64, 65

剪徑強盜(Routier) 7

動物(Animaux) 14, 47, 51, 54, 90

商人，商販(Marchand) 23, 46, 50

基爾春城堡 (Château de Kilchurn) 80

屠夫，屠宰工(Boucher) 50

索引

帳篷營地(Camp) 45
強盜(Brigand) 22, 27
彩繪玻璃窗(Vitrail) 51
得拉卡爾船(Drakkar) 16, 93
得福山莊(Puy du Fou) 91
掠奪品(Butin) 17
掛毯(Tenture) 15
採石匠(Carrier) 60, 62
教堂(Chapelle) 11, 49
教堂，教會(Église) 20, 23, 56, 72
旌旗(Gonfanon) 44, 94
晚餐(Repas) 38, 49
梯也里城堡(Château-Thierry) 23
犁(Charrue) 55
統治者(Souverain) 47
細木工匠(Menuisier) 21, 94
貨幣兌換商(Changeur) 51
通行稅(Péage) 7
陸軍統帥(Connétable) 7
麥克佩斯(Macbeth) 90

十二劃

傑作(Maître d'œuvre) 66
勞役(Corvée) 55, 61
圍攻(Siège) 15, 30, 36, 70, 73, 79, 80
圍牆(Enceinte) 14, 15, 26, 28, 30, 34, 35, 48, 52, 64, 66, 68, 77, 79, 80, 81, 90
堡主(Châtelain) 35, 36, 38, 39, 52, 66
廊柱頭(Chapiteau) 18, 20
朝山進香者(Pèlerin) 41
稅(Taxe) 25, 53
醃貨(Salaison) 50

腓力·奧古斯都(Philippe Auguste) 30, 34, 79, 87
腓尼斯城堡(Château de Fénis) 38
腓特烈二世(Fré déric II) 84
菜單(Menu) 49, 57
貴族(Noble) 44, 45, 47, 91
進攻，衝鋒(Assaut) 66, 73, 75, 76, 78
飲食(Alimentation) 88
黃麻(Chanvre) 54

十三劃

傳說(Légende) 90
《奧弗涅紋章圖集》(Armorial d'Auvergne) 24
感恩歌(Cantiga) 93
新城堡(Castelnuevo) 23
煙囪(Cheminée) 11, 15, 36, 39
獅心理查(Richard Cœur de Lion) 30, 84
萬森城堡(Château de Vincennes) 66
節日(Fête) 45, 46, 57, 91
經課(Office) 50
美慕城堡(Casteljaloux) 23
聖·路易(Saint Louis) 26, 30, 44, 60, 70
聖地(Terre Sainte) 84
聖德尼修道院(Abbaye de Saint-Denis) 61
蒂福日城堡(Château de Tiffauges) 81
號角(Cor) 35, 42
詩人(Poète) 47
路易十一(Louis XI) 34, 93
路易十三(Louis XIII) 81

路易六世(Louis VI) 70
跳舞(Danse) 57
農奴(Serf) 53
農民，農夫(Paysan) 9, 21, 23, 25, 45, 48, 52, 53, 54, 56, 57, 60, 81
閘門(Herse) 13
雉堞眼(Créneau) 9, 11, 77

十四劃

僕人(Servante) 36
僕人(Serviteur) 38, 39, 48
僕人(Valet) 38, 51
槍(Trait) 71
監獄(Prison) 34
緊身長褲(Chausse) 57, 93
維安登城堡(Château de Vianden) 25
維奧萊特·勒杜克(Viollet-le-Duc) 12, 13
維蘭（農民）(Vilain) 52
腿罩(Tassette) 88
蒙特城堡(Castel del Monte) 84
蒙塔內城堡(Château Montaner) 65
蓋亞爾城堡(Château-Gaillard) 30, 78, 79
誓言(Serment) 19, 94
領地(Demaine) 22, 93

十五劃

劍(Épée) 45
寬長袍(Bliaud) 56, 93
寬裙(Cotte) 18, 20, 56, 88, 93
廚房(Cuisine) 13, 15, 37, 39, 49, 50
箭(Flèche) 71, 72, 74, 77, 93

索引

箭眼(Archère) 11, 74, 77, 93
箭樓 (Tour) 9, 11, 12, 13, 14, 15, 25, 26, 28, 34, 36, 50, 63, 66, 68, 75, 77, 79, 80, 87, 93
衛戍部隊 (Garnison) 13, 14, 15, 49, 80
豎琴(harpe) 47, 94
鄧肯國王(Roi Duncan) 90
黎世留(Richelieu) 78

十六劃

壁毯(Tapisserie) 15
戰爭(Guerre) 42, 44
橡栗(Glandée) 54
磨坊(Moulin) 13, 15, 48, 50, 52, 53
穆斯林(Musulman) 6, 64, 74
諾曼人(Normands) 16, 17, 22, 28, 86
頭盔(Armet) 88

十七劃

壕溝 (Fossé) 8, 21, 25, 28, 50, 66, 73, 79, 80

攔腳架(Étrier) 72
環城通道(Chemin de ronde) 11, 12, 35
臂鎧(Brassard) 88
膽大腓力三世 (Philippe III le Hardi) 39
賽城堡洛(Château-Rocher) 79

十八劃

獵物(Gibier) 40, 42, 43
獵狗(Lévrier) 42
獵鷹（隼）(Faucon) 42, 43, 49, 91
鎖子甲(Haubert) 18
騎士(Chevalier) 20, 42, 43, 44, 45, 47, 51, 88, 90, 91
騎士克拉克 (Krak des Chevaliers) 64, 66, 89
鎧甲(Armure) 42, 88

二十劃

爐灶(Four) 13, 15, 48, 53
鐘聲(Cloches) 50
麵包師(Boulanger) 50

二十一劃

護手甲(Gantelet) 88
護肘甲片(Cubitière) 88
護肩(Épaulière) 88
護城木樓(Hourd) 11
護城河(Douve) 11
護胸甲(Cuirasse) 88
護腿甲(Cuissard) 88
護膝甲(Genouillère) 88
護衛牆(Courtine) 11, 12, 46, 76, 93
鐮刀(Faucille) 54, 93
鐵匠 (Forgeron) 48, 50, 54, 89, 94

二十二劃

襯牆(Chemise) 11, 15, 24, 49
贖金(Rançon) 17

二十八劃

鑿石工 (Tailleur) 60, 61, 62, 63, 69

一套專為青少年朋友
設計的百科全集

人類文明小百科

‧埃及人為何要建造金字塔？

‧在人類對世界的探索中，

誰是第一個探險家？

‧你看過火山從誕生到死亡的歷程嗎？

‧你知道電影是如何拍攝出來的嗎？

歷史的‧文化的‧科學的‧藝術的

1. 歐洲的城堡
2. 法老時代的埃及
3. 羅馬人
4. 希臘人
5. 希伯來人
6. 高盧人
7. 樂器
8. 史前人類
9. 火山與地震
10. 探索與發現
11. 從行星到眾星系
12. 電影
13. 科學簡史
14. 奧林匹克運動會
15. 音樂史
16. 身體與健康
17. 神話

激發你的求知慾・滿足你的好奇心

國家圖書館出版品預行編目資料

歐洲的城堡 / Gaston　Duchet-Suchaux, Michel Pastoureau著;沈堅譯. －－初版二刷. －－臺北市; 三民，民91
　　面;　　公分－－(人類文明小百科)
含索引
譯自:Les Châteaux forts
ISBN 957-14-2610-5　(精裝)

　1.城堡－歐洲

718.1　　　　　　　　　　　　　　　　86005683

網路書店位址　http://www.sanmin.com.tw

© 　歐 洲 的 城 堡

著作人　Gaston Duchet -Suchaux,Michel Pastoureau
譯　者　沈　堅
發行人　劉振強
著作財　三民書局股份有限公司
產權人　臺北市復興北路三八六號
發行所　三民書局股份有限公司
　　　　地址／臺北市復興北路三八六號
　　　　電話／二五○○六六○○
　　　　郵撥／○○○九九九八——五號
印刷所　三民書局股份有限公司
門市部　復北店／臺北市復興北路三八六號
　　　　重南店／臺北市重慶南路一段六十一號
初版一刷　中華民國八十六年八月
初版二刷　中華民國九十一年一月
編　號　S 04001
定　價　新臺幣貳佰伍拾元整
行政院新聞局登記證局版臺業字第○二○○號

ISBN　957-14-2610-5　(精裝)